XISHUO
ZERENTIAN

细说责任田
——1961年安徽农村改革的探索与实践

陆德生·编著

北京师范大学出版集团
BEIJING NORMAL UNIVERSITY PUBLISHING GROUP
安徽大学出版社

图书在版编目(CIP)数据

细说"责任田":1961年安徽农村改革的探索与实践/陆德生编著.—合肥:安徽大学出版社,2015.11(2016.10重印)
ISBN 978-7-5664-1034-4

Ⅰ.①细… Ⅱ.①陆… Ⅲ.①农村经济－经济体制改革－研究－安徽省－1961 Ⅳ.①F327.54

中国版本图书馆 CIP 数据核字(2015)第 274263 号

细说"责任田"
——1961年安徽农村改革的探索与实践

陆德生　编著

出版发行:	北京师范大学出版集团 安　徽　大　学　出　版　社 (安徽省合肥市肥西路3号 邮编230039) www.bnupg.com.cn www.ahupress.com.cn
印　　刷:	安徽省人民印刷有限公司
经　　销:	全国新华书店
开　　本:	152mm×228mm
印　　张:	8.5
字　　数:	96千字
版　　次:	2015年11月第1版
印　　次:	2016年10月第2次印刷
定　　价:	19.00元

ISBN 978-7-5664-1034-4

策划编辑:马晓波　　　　　　装帧设计:李　军
责任编辑:马晓波　　　　　　美术编辑:李　军
责任校对:程中业　　　　　　责任印制:陈　如

版权所有　　侵权必究
反盗版、侵权举报电话:0551-65106311
外埠邮购电话:0551-65107716
本书如有印装质量问题,请与印制管理部联系调换。
印制管理部电话:0551-65106311

目 录

一　开场白 …………………………………………〔001〕

二　缘起——动因 …………………………………〔006〕

三　来自各方面的推动力量 ………………………〔009〕

四　酝酿与提出的过程 ……………………………〔013〕

五　南新庄试点 ……………………………………〔019〕

六　广州会议期间 …………………………………〔023〕

七　精心指导　稳步推行 …………………………〔029〕

八　石关会议和毛泽东蚌埠谈话 …………………〔037〕

九　春华秋实 ………………………………………〔041〕

十　毛泽东无锡谈话和扩大的中央工作会议 ……〔049〕

十一　改变"责任田"过程中引发的一场大争论 ……〔056〕

十二　北戴河中央工作会议和党的八届十中全会狠批
　　　"三股风"与"责任田"的夭折 ………………〔062〕

十三　对"责任田"的理论分析与理论概括 ………〔065〕

十四　结束语 ………………………………………〔070〕

001

附　录 ……………………………………………〔077〕

关于定产到田、责任到人问题（草稿）………〔079〕

关于"责任田"问题给毛主席的一封信 ………〔085〕

关于宿县褚兰公社老农刘庆兰思想情况的了解
　　材料 ……………………………………………〔089〕

关于肥东等六县试行田间管理责任制加奖励办法
　　的情况 …………………………………………〔094〕

中共宿县符离区委会全体同志致毛泽东主席的信 …〔104〕

关于保荐"责任田"办法的报告 ………………〔114〕

蚌埠铁路局公布蚌埠郑州间临时客车时刻的命令 …〔126〕

一 开场白

在中华人民共和国成立60周年前夕,中共中央党史研究室编纂并出版了《中华人民共和国大事记(1949年10月—2009年9月)》,全面、客观、准确地记述了新中国成立60周年来的发展历程和重大事件。《中华人民共和国大事记》的1961年部分共有四条重要内容,其中之一就是:"3月6日,安徽省委依据农民群众的要求,决定试行'定产到田,责任到人'的田间管理责任制。其他部分省区也实行了类似办法。"这段记述中所说的"'定产到田,责任到人'的田间管理责任制",简称为"责任田"。群众从实践中尝到了甜头,称它为"救命田";搞农村问题研究的人,则称它是我国农村改革的"试验田"。它的明效大验,早已为人所熟知、所首肯,它在探索和推进我国农村改革方面所起到的重大作用也已成为共识。《中华人民共和国大事记》把它作为一条重要内容记录在册,也说明了"责任田"在共和国发展进程中的重要地位与作用。

50多年前的1961年初春,在安徽大地上,有一颗耀眼的明星,冲破层层乌云,腾空升起,震惊寰宇,为广大农民带来了福音和希望。这就是由当时安徽省委和省委第一书记曾希圣倡导、组织推行的"责任田"。它是农村改革的第一步,收到了立竿见影的效果。

1960年前后,安徽广大农村乃至全国农村是一种什么情况呢?现在的老年人都还记忆犹新,难以忘怀,而年青一代则不甚了解。当时,由于"左"的指导思想日益严重,大刮共产风、高指标风、强迫命令风,天灾人祸不断,农业连年减产,农村经济一蹶不振,不少地方出现了严重的"饿、病、逃、荒、死"现象。安徽农村的问题非常突出,中共安徽省委顾问委员会原副主任侯永主编的《当代安徽简史》对此作了概要叙述。书中指出:由于粮食产量下降,粮食供应不足,1958年底至1959年初,伴随严冬的降临,首先是农村人口吃饭出现困难,农村劳力开始外流,个别地方出现非正常死亡现象。1960年,粮荒蔓延,农村每人全年平均口粮不足200斤,全省城乡有2900万人口处于饥饿线上,"饿、病、逃、荒、死"现象十分严重。1959年,全省人口出现低出生率、高死亡率的情况。当年,全省总人口为3426万人,出生率为19.89‰,人口自然增长率为3.17‰,自然增长人口仅108158人,为新中国成立以来最低。1960年,全省人口出生率为11.35‰,死亡率上升,达到68.58‰,人口自然增长率呈现负增长,为-57.23‰,全省总人口呈负增长态势。净减少的人口,包括当年正常死亡人口,一部分迁移外省人口,少数漏报人口,由于饥、病而死的非正常死亡人口。1960年是"三年困难时期"人口减少最多的年份。

面对这样严峻的局面,党中央采取了一系列紧急措施,1960年8月中共中央发出了《关于全党动手,大办农业,大办粮食的指示》,9月又发出了关于整顿城市粮食统销和降低城乡口粮标准的两个指示,特别是在11月先后发出了《关于农村人民公社当前政策问题的紧急指示信》即"十二条",以及《关于彻底纠正"五风"问题的指示》,要求彻底纠正以共产风为重点的,包括浮夸风、命令风、干部特殊风和生产瞎指挥风的五股歪风。当时,全国各地包括安徽在内,贯彻执行中央的指示都是比较认真的,下了很大气力。但是,由于积重难返,加上元气大伤,成效并不很明显,农村的灾荒情况依然很严重。

从各省来说,鉴于形势紧迫,大家都在想方设法渡过难关,战胜灾荒,探索怎样走出困境,打开新的局面。有的在缩减城市劳动力上下功夫,有的大规模开展整风整社运动,有的提出要让农民休养生息,减轻负担。这些措施都起到了一定的作用,但效果都不是很大。也有少数人形成了另一种思维定式,遇到问题就在阶级斗争上找原因,主张狠抓阶级斗争,扫除障碍。当时河南就总结了信阳地区抓阶级斗争的经验,并将之传遍全国各地。在这种情况下,曾希圣作为主政一个大省的主要负责人,深感责任重大,心情十分沉重。他既为工作上的失误而痛责自己,一再检讨,又为如何突破框框,另辟蹊径而忧思不已,上下求索。曾希圣不管是革命时期从事密码破译工作,还是开创皖江抗日根据地;不管是新中国成立后搞农业"三改"(解决耕作制度和生产技术方面的问题),还是推行"责任田"(主要是解决生产关系、管理体制方面的问题),都注重调查研究,求真务实,在掌握客观事物的规律和特点上下功夫,从而紧紧抓住主要矛盾,找出解决矛盾的办法,制定相应的对策,达到开拓创新的目的。

曾希圣和他身边的工作班子,精心研究了农业合作化以来的生产管理体制及不同做法,查阅了苏联等社会主义国家集体农庄的生产管理办法,在深入剖析我国人民公社生产管理体制中的弊端、广泛听取群众意见的基础上,经过试点,逐步找到了广受好评、深受欢迎的"责任田"办法。

"责任田"是群众性的概括,全称是"包产到队、定产到田、责任到人",后又改称"田间管理责任制加奖励办法",实际上就是家庭联产承包责任制。它在 20 世纪 60 年代初期于安徽兴起,虽然很快夭折,但产生了深远的影响。这是安徽当代史上的一件大事。当时,它冲破了"左"的重重阻力,但由于党的指导思想日益向"左"的方向扩展,最终被"左"的思想扼杀在摇篮之中。尽管如此,它对安徽经济发展、对探索农村改革、对改善农民生活,都起了十分重大的作用,立下了不可磨灭的历史功绩,为广大干部群众所赞赏、所肯定。

安徽"责任田"是历史的产物,是群众智慧与实践的结晶,这是毋庸置疑的。但我们也必须看到,它的发起者、倡导者、大力推行者曾希圣所发挥的重大作用和作出的巨大贡献。曾希圣光辉的革命一生中,有三大贡献:一是在军事侦察中,特别是在长征中,破获了敌人的大量密码,作出了重大贡献。毛主席称赞说:"长征有了二局(曾希圣是二局局长),我们好像打着灯笼走夜路。""没有二局,长征是很难想象的。"二是在抗战期间,负责组建七师、开创皖江根据地。三是新中国成立以后,在安徽大抓农业、治淮,倡导"三改",特别是推行"责任田"制度,更是开拓创新的举措,一举扭转了安徽农村的严重困难状况。曾希圣推行"责任田"的创举,受到了人民的赞赏,得到了党内很多领导同志的高度评价。1982年10月,中共中央总书记胡耀邦到安徽视察指导工作,在谈到实行农业生产责任制问题时指出:"从历史情况来说,在1960年以后,党内有相当一部分同志在这个问题上是先知先觉者,当时主张改革1956年后农业长期推行的办法。曾希圣同志是中国农村改革的先驱。"

李先念在为《曾希圣传》写的序中说:"他是我国农村经济体制改革的先驱,在当时'左'倾思想大肆泛滥的情况下,他坚持党的实事求是的思想路线,倾听广大农民的呼声,与群众息息相通,第一个站出来大胆揭示人民公社体制存在的弊端,并且经过亲自调查研究,亲自试点,率先提出了责任田办法,很快推广到全省,并波及邻省乃至全国。责任田作为一种联产责任制形式,迅速解放了生产力,极大地调动了广大农民的劳动积极性,这对恢复和发展农业生产,起到了扶危定倾、扭转危急、开创新局面的作用。曾希圣同志提出和倡导的责任田办法,对我国在党的十一届三中全会以后农业经济体制改革,普遍推行家庭联产承包责任制,起了十分重要的启迪和引路的作用。今日中国农村改革已取得了举世瞩目的巨大成功,曾希圣同志可以含笑九泉了。"

1988年7月,宋任穷、陈丕显、叶飞在为纪念曾希圣逝世20周年而写的《奋斗不息的坚强战士》一文中指出:"在当前加快和深化农村改革的形势下,更加使人自然地回想起他于六十年代初期,在安徽农村倡导实行以包产到户为核心的'责任田'事迹。""希圣同志能在当时研究提出和率先倡导'责任田',表现了他具有一个改革先行者的胆识。""当年安徽全面推行'责任田'实际上是探索适合中国国情的农村经济发展道路的一次意义重大的实验,但为时不久,这一刚刚兴起的新事物就受到错误批判。当时中央和地方不少老同志为'责任田'说公道话,仗义执言。""'责任田'虽然受到夭折,但它已深深扎根于江淮大地,扎根于广大农民心坎深处。在党的十一届三中全会方针政策的指引下,农村家庭承包责任制能够在安徽率先起步,迅速推开,与希圣同志当年所倡导推行'责任田'的实践也是有内在联系的。农村改革的深化发展,已经为'责任田'的是非曲直作了公正的评价,证明它在当时和今天都具有重大意义。"

二 缘起——动因

安徽省委和曾希圣下定决心推行"责任田"办法,可以概括为一句话,即面对人民的苦难和深重的农业危机,实事求是,探索摆脱困境的出路,勇于逆着风浪闯出一条新路。用现在的话语来说,就是"改革是由问题倒逼而产生"。

安徽历来是个农业大省,又是多灾低产的地方,一遇灾荒,饥民遍地,农村凋零,惨不忍睹。新中国成立后,曾希圣十分重视农业的恢复与发展。他用很大精力抓"土改",抓救灾和治水。在这个基础上,他又全面深入地调查研究安徽的气象特点、地域环境与农业现状,经过试点提出了农业三项改革办法,即改革季节的收成比重,提高夏收比重(因为夏季收获的作物能够避灾);改种高产作物和耐水作物;改变广种薄收的习惯。农业三项改革办法从1954年在全省大力推广实施,收到了比较好的效果,正常年景粮食明显增产,大灾年景粮食损失降低。所以说,当时安徽农业发展是比较好、比较快的。1952年、1953年粮食产量连续增长,1953年全省粮食产量181亿斤,1954年遭受大灾,因推行"三改"受灾损失减轻,产量仍有162亿斤,1955年达到创纪录的236亿斤。在大搞"大跃进"的

1958年,秋季粮食生产情况还算可以,但由于全民大炼钢铁,大批劳动力被外调,加上急急匆匆大办人民公社,生产管理混乱,粮食没有丰收,浪费损失很大,实际产量只有176.9亿斤。1959年春就出现了粮食紧张的情况,1959年全省粮食产量只有140.2亿斤,国家征购高达70亿斤,农村出现了严重的粮食危机。1960年全省粮食继续减产,总产只有135亿斤,国家征购近50亿斤。在这种情况下,加上农村盛行大兵团作战,水利工地用工过多,又不准搞副业生产,集市贸易也日益衰微,农民除一点口粮维持生计外,别无其他谋生途径。农村中"饿、病、逃、荒、死"的现象越来越严重。

农村的严重问题是逐步暴露出来的,它的严重性也是逐步为人们所认识的。从1959年郑州会议开始局部纠"左"以后,安徽在农村人民公社的生产管理体制上虽然作了一些改进,但都是在原有框架下的小修小补,不能解决问题。省内一些地方出现过的田间管理包工到户的形式,省委也曾给予肯定和支持。但在1959年庐山会议上狠批右倾思潮的冲击下,"左"的思想更加泛滥。从1960年夏季开始,曾希圣越来越感到农村形势严峻,自己有责任改变这种局面。他以一种深沉的负罪感和高度的责任心,聚精会神思考怎样改变现状,加强农业生产责任制。他先是考虑实行"双包制",由小队向大队包产,小组向小队包产,实际上就是搞包产到组,减少和克服队与队之间的平均主义,增强小组成员的责任心。后来又进一步研究怎样克服社员与社员之间的平均主义,并联系工业等方面的责任制,探索"定产到田、责任到人"的办法,最终形成了一套"责任田"办法。有人说曾希圣是"左"后纠"左",有人说曾希圣独排众议,力挽狂澜。毋庸讳言,曾希圣在"三面红旗"的鼓舞下,确实一度头脑发热,积极推行"左"的一套,并且造成了严重的后果。他的可贵之处在于,搞了"左",犯了错,遭了殃,从中取得了教训,清醒了头脑,敢于正视现实,而不讳疾忌医,回过头来坚决纠"左",不是小修小补,而是下定决心动大手术。这就会有很大的风险,遇到很多的阻力。他不顾一切,义无反顾地突破旧体制,以少有的魄力倡导推行"责任田"办法,做了一件大好事,为农业改革闯出了一条新路。曾希圣经常对他身边的工作人员说:"我们是共产党员,要对人民负责。不能明明看到已被实践证明是错误的东西,为了保住自己的乌纱帽,而不敢抛弃它。"他还说:"农村经济衰退,出现严重的'饿、病、逃、荒、死'现象,说明我们过去的工作有错误,也可以说是对人民犯了罪。现在,任何的私心杂念,都是我们对人民犯下的新罪。""安徽的问题,我应负主要责任,我下决心要把安徽的问题解决好,我对人民犯了罪,我要戴罪立功。"可以说,严重的农业危机引起了曾希圣的反思,高度的责任感和使命感促使曾希圣殚精竭虑、百折不挠地提出和推行"责任田",为农村改革立了大功,作出了重大的贡献。

三　来自各方面的推动力量

实行"责任田",是一项突破性的创举,曾希圣在这方面表现出了他作为一个高级领导干部的胆识、魄力和科学精神,他个人的作用必须得到充分肯定。同时也要看到当时的特定环境,看到群众的作用,看到安徽省委领导集体的共同努力。应该说"责任田"是总结群众实践经验的产物,是广大干部群众集体智慧的结晶,"责任田"的形成有来自多方面推动力量的支持,这是我们在研究"责任田"时不能忽略的。

第一,来自中央纠"左"的努力和政策的推动。从 1958 年大搞"大跃进"、大办人民公社以后,"左"的思潮席卷全国,势头强劲,并成为主要的指导方针。但在发展过程中,出现了不少严重的问题,许多矛盾日益明显地暴露出来。因此,1959 年以后,毛泽东和党中央对于在实际工作中"左"的表现,特别是对于农村出现的一些严重问题,采取了一系列措施,设法加以缓解和解决,其中确有一些属于纠"左"的范围。例如,一再强调划小基本核算单位,强调注意发挥集体和个人的积极性,特别是一再批评共产风、浮夸风、命令风,解决好平均主义问题。这些虽然与实行"责任田"没有直接关系,但中央纠"左"的想法和举措,使广大党员干部开阔了视野,拓展了思路,也激发了他们冲破"左"的束缚的勇气,努力探索改变旧体制的方法,应该说这也为"责任田"的诞生提供了一定的条件。

第二,来自群众的实践经验。在农业合作化和农村公社化的过程中,各地在农业生产管理上出现了许多问题,而且越来越严重。当时中央主管农村工作的邓子恢就一再强调在农业生产中要实行生产责任制,改进社队的包工包产办法。为了解决高级合作社中存在的种种问题,安徽省委在调查研究的基础上,于1955年7月发出了《关于进一步巩固提高农业合作社的指示》,强调指出:"实行包工制是搞好生产合作社管理的关键。"党的八大以后,各地全面整顿合作社。1956年12月安徽省委又根据新的情况,下发了《关于今冬明春整顿农业社的指示(草稿)》,强调农业社管理委员会对生产队进行"三包":包工、包产、包费用。生产队对适合生产组负责的农活,应当实行小组包工,或小组计件;一些田间管理的农活便于分户管理,实行按户包工,以明确责任,便于检查。对适合个人计件的农活,也可以实行个人计件。1957年3月26日,安徽省委专门下发了《关于推广田间管理工作包产到户的通知》,明确指出:这样做"能够减少生产队零星配工和记工的麻烦,也可发挥社员的积极性和主动性,便于做好集体劳动、个人劳动和家庭老少劳动的安排"。在安徽省委不断放宽政策的情况下,阜阳县的新华农业社实行了分户承包田间管理办法。该办法一出现就受到群众的欢迎,得到安徽省委的支持。当时宿县一些社队也积极改进了包工包产办法,《宿县报》以醒目的标题进行了宣传。例如:3月1日刊登《红旗一社制定包工包产办法的经验》,4月1日刊登《褚兰乡桂光农业社第三生产队实行按件包工》,7月16日刊登《和平公社建立了田间管理个人负责制》。《宿县报》还曾发表社论,论述怎样搞好包工包产。当时芜湖、六安、安庆等地区也实行了各种形式的包工包产责任制。从这种发展趋势可以看出,从实行合作化以来,加强和改进包工包产责任制始终是广大农民的迫切要求,是一个亟待解决的关键问题。但当年关于这方面的有益探索,在1957年的反右和农村两条道路大辩论中受到了严厉批判,包产到户的做法更被彻底否定。紧接着,1958年又掀起"大跃进"和人民公社化的风暴,包工包产责任制受到很大冲击,共产风、瞎指挥风盛极一时,给农村带来了大灾难,但群众在实践中的探索积累了宝贵的经验,为走出困境提供了思路。

第三,来自群众的强烈愿望和迫切要求。"大跃进"和人民公社化中许多"左"的做法,带来了严重的危害。首先身受其害的是广大农民,他们迫切要求改弦易辙,走出困境。1961年初,柯庆施从上海来安徽,路经全椒县古河公社,同社员交谈时,几位农民说:"最好把田包给我们种,我们保证种好。"并且质问:为什么不相信我们?同年3月间,曾希圣在稻香楼宾馆召开了七位劳动模范的座谈会,广泛听取大家对农村包工包产问题的意见。这些人中,有的是公社党委书记,有的是大队总支部书记,有的是生产队干部,也有的是普通社员。曾希圣把"定产到田、责任到人"的办法提出来让大家讨论。大家一致认为,这个办法不是单干,能增加社员的责任心,推行这个办法肯定能增产。具体态度又可以分为三种:一种是积极主张推行这个办法;一种是很赞成这个办法,但是否马上干还没下决心;一种是认为办法好是好,但有顾虑,怕有些农活大家争先恐后干,队长不好当。

正是群众的意见和态度,坚定了安徽省委领导推行"责任田"的决心,同时安徽省委要求各级领导在实际工作中要十分注意加强具体指导,防范可能出现的问题。

第四,毛泽东和党中央关于恢复实事求是和加强调查研究的一系列指示,给了大家有力的思想武器和探索的勇气。在1961年1月举行的党的八届九中全会以及会前召开的中央工作会议上,毛泽东作了题为《大兴调查研究之风》的讲话,强调指出:要"大兴调查研究之风,一切从实际出发",要做到"情况明,决心大,方法对","不图虚名而招实祸","今年搞个实事求是年","要把实事求是的精神恢复起来"。他还说,在民主革命时期,调查研究是搞得比较好的,长征时对敌情也是比较清楚的,因为有曾希圣的"玻璃杯"(情报工作)。我们当时在山东省委听传达,感到这一节内容,明显涉及曾希圣,既是给曾希圣打气,又是指点迷津,曾希圣肯定能从中受到很大鼓舞和教益。接着,中央又发出《关于认真进行调查研究的一封信》,并附毛泽东《反对本本主义》(即原来的《关于调查工作》)一文,强调指出:"一切从实际出发,不调查没有发言权,必须成为全党干部的思想和行动的首要准则。""在调查的时候,不要怕听言之有物的不同意见,更不要怕实际检验推翻了已经作出的判断和决定。"这里所说"不要怕实际检验推翻了已经作出的判断和决定",真是分量十足,掷地有声,起到了振聋发聩的作用,为改革创新增添了信心和力量。总之,这些都有力地推动了党内端正思想路线,也鼓舞了各地在农村生产管理体制上的大胆探索,这是"责任田"得以出现的重要思想基础和政治氛围。没有比较民主的氛围,"责任田"是不可能诞生和发展的。

四 酝酿与提出的过程

回过头来看,曾希圣面对1958年以来农业连年减产,农业危机日益深重,广大农民陷于水深火热之中的困境,他从1960年夏季开始,就毅然下决心,研究怎样走出困境,开创新的局面。他的思路主要聚焦在探索改进农业生产包工包产办法,加强各方面的责任制,改变农业生产管理体制,把受压抑、受损害、受挫折的广大农民的生产积极性调动起来。聚焦到这个根本问题上,不是一时的心血来潮,而是反复调查、思考的结果。

第一,如前所述,安徽农村多年来有加强和改进包工包产办法的经验,包括包产到户的经验。

第二,人民公社化运动严重挫伤了社员农民的生产积极性,关键就在于管理体制出了问题,干活大呼隆,分配一拉平,生产好坏无人问。

第三,广大农民迫切希望在生产上有自主权,有责任制,真正做到增产增收,多劳多得。

第四,当时在农业生产上既面临着社员没有干劲,又面临着很多客观困难(缺口粮,缺耕牛,缺农具,缺种子,缺肥料)。在此情况下,到底应从哪里下手?

基层干部和社员群众说得好:这缺那缺,最缺的是社员的积极性。只要给社员松绑,让社员放开手脚干,缺少的各种物质条件就能逐步改善,社员没有积极性,光靠国家救济怎么也改变不了农村的凄惨景象。从明确思路、抓住主题,到最后提出和推行"责任田",这中间有一个反复思索、深入研究和逐步形成方案的过程,也是坚持抵制各种"左"的干扰的过程。

就农业问题来说,土地改革和互助合作确实带来了勃勃生机。从1950年到1957年,农业总体上发展较快较好。后来,办高级社追求越大越好,特别是人民公社化,热衷于"一大二公",发扬共产主义风格,生产管理越来越乱,平均主义日盛一日,农民的积极性和责任心受到严重挫伤。为了调动农民的积极性,当时的做法有三种:一是大抓阶级斗争,还说什么"一抓就灵"。当时河南就提供了这方面的所谓经验。二是修修补补,采取一些权宜措施,也能起到一点作用,但不能从根本上扭转形势。三是大胆调整农村生产关系,改进生产管理,使它适应生产力发展要求,从根本上解决农村公社化后出现的许多矛盾和问题。

曾希圣经过深入调查研究,认真思考多年来的经验教训,敏锐地认识到农村生产管理体制上的严重缺陷,这主要表现在:一是各项农活全靠队里安排,上工下工由队长吹哨,超产减产只有队长操心,社员没有自主权,也就失去责任心。二是干活大呼隆,光图形式,社员只顾挣工分,出勤不出力,劳动绩效差。三是分配一拉平,干好干差一个样,黄鳝泥鳅一般长,评工记分又特别麻烦,常常是"大吵三六九,小吵天天有"。刨根究底,产生这些问题的原因在于:一是农业生产管理体制高度集中,有统无分,社员失去自主权和主动性;二是劳动管理上的大呼隆和分配上的吃大锅饭,严重挫伤了广大社员的积极性。

曾希圣站得高、看得远。他在自觉总结教训,深入研究的过程中,针对农村生产管理体制上的严重缺陷,认真思考了农村问题的症结及其解决办法,努力探索怎样把治标与治本结合起来,切实加强农业生产责任制,给农民应有的自主权和物质利益,使农业迈上康庄大道。

1960年7月,曾希圣带着他的工作班子,到岳西县石关省委招待所准备省委三级干部会议的材料。他经常到附近社队实际了解农业生产情况,然后又约岳西县委书记成一波专门谈了如何改进包工包产问题,并形成了一份谈话纪要,以省委文件形式印发各地,以期引起各地注意研究这方面的问题。

1960年8月,安徽省委召开县以上干部工作会议,28日曾希圣在大会上作了报告,明确提出改进包工包产办法。他说:"包产问题,我提出一个新的意见,就是划分三组,分别包产,一组包口粮,一组包饲料,一组包商品粮……好处就是各有责任。"

1960年10月4日,他又在安徽省委常委会议上提出:"生产队下面均应设生产组,避免生产大呼隆,生产队除养猪可以成立专业队外,一律不搞专业队,什么都搞专业队,就会把评工记分搞乱,评工记分一乱,社员做事就没有责任心了。对社员干活超过基本工分的,都可以适当地予以奖励。每月结算一次,按月发奖。"

1960年11月,安徽省委召开地市委书记会议,贯彻中央《关于农村人民公社当前政策问题的紧急指示信》。这时曾希圣已兼任山东省委第一书记,他特地赶回合肥,在会上作了重要讲话。他对人民公社体制又进一步提出:"我们是三级半所有制,小组是半级所有,以加强生产责任制。包产问题仍实行双包制,小队向大队包产,小组向小队包产。"这一段时间,他把重点放在包产到组上,缩小包产规模,有利于减少横向之间的平均主义,但社员之间的平均主义、评工记分问题仍然无法解决。

其后,又逐步转向包产包工到户。1960年11月,中央召开政治局会议,各中央局负责人也参加了会议。会上有人谈到合作化时期实行的田间管理包工到户责任制很有成效,对发展农业生产起了很好的作用,毛主席插话说:"现在还可以实行嘛,可以把这个办法恢复起来。"这时,曾希圣虽身在山东,但仍然时刻挂念着安徽农村的问题,经常与身边工作人员议论怎样改进包工包产,克服农村的两个祸害(生产上的大呼隆与分配上的一拉平),切实加强农业生产责任制。这时,他逐步趋向于按社员劳动底分承包耕地,责任到人,全奖全赔。

1960年12月,黄岩、桂林栖、张世荣等到济南向曾希圣汇报安徽三级干部会议的情况,曾希圣就交代他们在偏僻山区搞个包产到户的试点。安徽省委便根据这个意见,布置舒城县在晓天公社一个大队搞了试点。1961年1月,郑锐、张祚荫到济南向曾希圣汇报地市委书记会议情况,曾希圣又向他们提出搞包产到户试点。

1961年2月,曾希圣由鲁返皖,途经蚌埠。他下车后先到郊区看了一下,猪、羊很少,人气不旺,很有凄凉之感。在蚌埠召开了地市委书记会议,主要汇报生活安排和整风整社情况。副省长张祚荫在会上着重介绍了宿县老农刘庆兰坚持个人承包,连年作出贡献的情况。宿县褚兰公社小王庄有个老农叫刘庆兰,干农活一身是劲,当过村农会主任。在加入初级社之后,曾把自家的房子腾出来给集体饲养牲畜。他在社内所得收益比单干时减少,他也并不计较,但他对社队管理上的问题意见很大,对一些事情看不惯,例如"官屋漏,官马瘦"。当他看到自己亲手喂养的膘肥体壮的大牲畜日益瘦弱,看到地里杂草丛生也没有人去锄地除草,看到一些人把积攒的肥料拼命往自留地送,将收到场上的山芋想方设法往家里偷,他不仅愤怒,而且感到困惑、失望,因为他无能为力,改变不了这些不良现象。在小王庄附近有座虎山,原来是一座荒山,长着许多茅草、荆棘。1958年大办人民公社的时候,刘庆兰已接近60岁,队里不再给他派农活。他就利用这个机会,到虎山上去发展。他带了一把抓钩、一个铁杈、一把锄头,上虎山开荒种地。当时商定,刘庆兰每年要从开荒种地收获的粮食中交一部分给生产队或生产大队,而他则可以在虎山上搞个体生产。事有凑巧,刘庆兰同他的大儿子处不好,他的二儿子刘自立原在制革厂工作,因病回家休养,听到不少闲言碎语,说是"队里不能养闲人"。于是有人指点他:还是上山帮父亲干点活,边养病边种地。就这样,父子二人在虎山开垦荒地达17亩之多,从1958年到1961年每年都给生产队交粮食,从开始的700多斤,增加到1600多斤。他们不仅上缴粮食,卖棉花给国家,还上交一部分种菜、卖瓜的收入。生产队办的食堂困难很大,他就把种的南瓜送去给大家吃,还支援一部分粮食,对农民兄弟充满深情厚谊。形成鲜明对比的是,山下的生产队由于大刮"五风",生产死气沉沉,耕地数量逐年减少,产量下降,生活困难,还有"饿、病、逃、荒、死"的情况。山上父子二人不仅生活很好,刘自立的病也养好了,两人不仅经常偷偷下山把面粉和油料送给家人,还年年卖粮给国家。刘庆兰向公社党委建议,最好把田包给社员种,像现在这样干,社员只图工分,没有责任心,生产是搞不好的。曾希圣听了张祚荫的上述汇报,十分感兴趣,这对他下决心推行"责任田"办法产生了很大影响。曾希圣在各种会议上一再表扬这个典型,赞扬刘庆兰的事迹。

  在蚌埠会议上,曾希圣在强调了当前要着重抓好的各项工作的同时,还着重讲了他考虑已久的加强农业生产责任制问题。他说:"工业上的责任制是非常严格的,工厂把生产任务分配到车间,车间又把任务分配到每台机床,实行按件计酬,超产奖励。工业上的责任制办法为什么不能移植到农业上来呢?农业上的生产任务,公社分配到大队,大队分配到生产队,生产队又将任务落实到每块田地。土地就好比工厂里的机床,应当按劳动力承包耕地,按实产粮食计工分。"他还说:"既然工业上这样做不是单干、复辟、倒退,那么农业上这样做,单干、复辟、倒退的帽子也不能扣到我们头上。"对这种办法,他要求各地先进行典型试验。

2月14日,曾希圣回合肥召开安徽省委书记处会议。他在会上强调:"我们必须研究、制定和推行适合我省农业生产力状况的农业生产责任制,才能巩固社会主义生产关系,才能保障社会主义的顺利发展,才能得到人民群众的拥护。应当允许人民群众根据自己的实践,选择一个能够发展生产的办法来。把工业生产中的责任制引进到农业生产中来,这是一个方向,是一个原则。具体怎么搞,要迅速深入群众,与群众商量抓好试点,逐步推广,以求最大限度地调动群众的积极性,尽快恢复和发展生产。"按照上述原则,他在会上提出了按劳动底分承包耕地,按实产粮食计工分,超产奖励,减产赔偿的联产到户的责任制办法。书记处同志认为这是个好办法,表示赞成和支持,但又感到有风险。会后,向华东局第一书记柯庆施作了汇报,他表示:"这个办法不推广,每个县先搞一个点试验一下。"至此,进行"责任田"试点,形成"责任田"办法,已经是呼之欲出了。

在酝酿、思考推行"责任田"办法之初,为了从各方面进行比较和研究,安徽省委政策研究室的同志把过去报刊上有关批判包产到户的社论、文章加以摘录整理,送给曾希圣阅看。他认真看过后说:"这些文章、社论可以作为我们推行农业生产责任制的参考,使我们多考虑一些问题,多想一些办法,减少一些矛盾和困难。"他向研究室的同志详细阐述了他设计的农业生产责任制的基本框架,并且掷地有声地说:"你们不要担心,一切责任由我一个人承担。"以此来打消大家的顾虑,增强大家的信心。

五　南新庄试点

对搞"责任田",曾希圣有了一个大致的设想,但还需要拿到群众中去,看群众是否认同;需要拿到实践中去,看它是否可行。同时,作为一种包工包产办法,需要具体化、系列化,形成一个具体的可操作的方案。因此,曾希圣确定在合肥市南新庄搞个试点,便于其及时指导。

为什么选在南新庄生产队?当时曾希圣找到了安徽省委常委、合肥市委书记刘征田,明确提出拟在蜀山公社找个落后队(穷队)作"责任田"试点。因为毛主席1959年曾视察过蜀山公社的化肥厂、沼气试验站、养猪场,这个公社知名度比较高,试验成功之后有利于推广。此地既是合肥市郊,又离安徽省委较近,交通便利,便于其经常直接指导。他还要求搞试点的生产队不能在公路干道旁,要偏僻一点,因为毕竟是试验,尽量对外影响小一些。刘征田经与郊区区委书记金翠珍商量,提出放在南新庄生产队。由于当时长期受"左"的指导思想影响,反复强调的是"一大二公",搞"责任田"会被视作离经叛道。为避免受到干扰,曾希圣还亲自给刘征田、金翠珍打招呼,试点不得外传,不得扩大。如试验不成功,不会带来什么不好的影响;如试验成功，也应有计划地推广，不能一哄而起。

1961年2月底，安徽省委在稻香楼召开地、市、县委书记会议，华东局柯庆施也亲自来参加。这时，曾希圣一面忙于抓会议，一面急于进行试点。他找安徽省委副秘书长张立治和我们几个人当面作了详细交代后，马上就带着行李铺盖急忙到达南新庄。

南新庄生产队，全队29户，生产落后，生活困难，耕牛数量不足，满目荒凉。为了广泛地深入群众，了解群众的真实想法，试点工作组四人（负责人张立治，时任安徽省委副秘书长，还有赵岭峻、周曰礼和我）商定，分别住在四处。吃饭则在队屋里自己烧，按照规定的粮食定量，经常吃点稀饭，从合肥带去一些酱菜，如此而已。张立治住队屋，赵岭峻住在一户生活好一些的社员家，我住在牛栏旁的一间小屋里，晚上和饲养员睡在一起。这位负责饲养耕牛的社员，50岁左右，工作认真负责，半夜都要起来给牛喂料，牛栏搞得干净整齐。他不但给我讲了养牛经验，而且反复表明把田包产到户是最好的办法。他一再打听我们有什么来头，向我试探上级领导是否同意搞包产到户。在牛栏住了三天，我就回队屋住了。

工作组进村的第一步，就是围绕怎样才能搞好生产、改善群众生活，问计于群众。通过召开队委会、群众会以及个别访问等形式，听取干部群众的心声，并同他们反复进行讨论、商量。大家认为，生产搞不好的原因，主要是干活大呼隆，出工不出力，分配一拉平，黄鳝泥鳅一般长，因此，大家干活只顾挣工分，不顾农活质量，不管收成好坏，结果把田弄荒了。田荒了，收不到粮食，肚子吃不饱，就更没有心思种田，于是各求生路，找点外食，这样恶性循环，越搞越坏。要想把生产搞上去，就要真正做到多劳多得，少劳少得，不劳不得。在具体做法上，有的留恋互助组时期的办法，有的提出干脆把田包给社员种，要相信社员能种好，能交足公粮。当时，我们设想了三种方案：一是包产到队，田间管理包工到户；二是包产到组，划小分配单位；

三是定产到田,责任到人。开过几次座谈会,征求意见,大家说包产到组的办法也可以,但是,互助组实际上是缩小了的生产队,队与队之间的"一拉平"能减少,但人与人之间的"一拉平"难解决。总之,矛盾还是不少,不足以充分调动社员的积极性。其实,大都倾向于定产到田,责任到人,但都不忘问一句:不知上头可让搞?大家心里摸不着底。工作组在这个基础上,提出了实行"包产到队,定产到田,责任到人"的办法,进一步征求群众意见。全队29户中有25户表示热烈拥护,只有一个队干部心存疑虑,怕被说成搞单干,要挨整。另有3户是缺少主要劳动力的困难户,虽然表示拥护,但提出一些实际困难,例如不会泡种、催芽、育秧,不会使牛,在插秧、收割打场以及管水用水方面有些困难。

在南新庄试点过程中,除了工作组回省委汇报,曾希圣两次到南新庄,了解试点情况,研究责任田怎样搞。特别是当他了解到困难户的两难处境,既积极拥护,又感到困难不少,还有就是安徽水旱灾害多,大家对怎样管好、用好水,怎样搞好抗灾,十分关心和担心。因此,曾希圣明确提出,要加强"五统一",即计划统一(主要指生产指标和作物安排)、分配统一(包产部分仍然统一分配)、大农活和技术活统一(即统一安排,以强带弱)、管水用水统一、抗灾统一。这样就基本形成了包工包产责任制的框架。

包工包产涉及承包的耕地如何划定,是以劳动底分还是家庭人口承包耕地,常年产量如何根据土质、水利条件分别确定,这些都是很细致的事情。试点后期,我们又同队干部、老社员一起查看了耕地、水利等情况,又同队里干部、党团员以及社员群众反复研究怎样具体落实家庭承包办法,大家提出了许多好的意见,例如:承包耕地,既要力争连片,又要好坏适当搭配,合理安排;包产要根据常年产量,逐丘定产,做到有产可超;承包耕地数量一般以劳动底分计算,照顾到家庭人口;养牛、使牛的,看水、管水的,可少包耕地,由生产队给予补贴和奖励。这样,搞"责任田"既有基本原则、基本要求,又有具体办法。我们根据曾希圣拟定的提纲,着手起草了一个实行"责任田"办法的文件草案,叫作《关于定产到田、责任到人问题(草稿)》,后又经曾希圣修改定稿。这个文件的核心是加强农业生产责任制,既体现了以队为基础,又强调了以户生产经营,把集体的优越性与社员的积极性有机统一起来,既有利于减少误解,也有利于广泛推行。

考虑到中央已有通知,3月10日在广州召开中央工作会议,曾希圣抓紧时间,争取在会前定下来。3月6日,他邀请蜀山公社干部群众座谈"责任田"问题,紧接着连夜又召开常委会议,专门讨论南新庄试点经验和拟定的办法。会上听到基层干部和社员说,"责任田"就是好,试点一经搞开,顿时气象一新,附近社队纷纷要求推广这个办法。安徽省委同志听了很受鼓舞,深感这是一件顺民意、得民心的大事,大家一致赞成有领导、有计划地加以试行和推广。当时还决定,由省委负责同志带着《关于定产到田、责任到人问题(草稿)》文件,分头下去传达贯彻和进一步试点。

南新庄试点为各方所关注,当时耕地和产量一承包下去,就迅速发生明显变化,真叫"立竿见影"。这主要表现在:①包产比较容易落实,包产指标有所增加。粮食包产由原来的87000斤,调整到107000斤,增加23%。②出勤率大大提高。过去出勤率只有50%多,现在整、半劳力,辅助劳力,全部出勤,锄草、追肥、扩种瓜菜。③家家户户修建厕所,男女老少齐动手,大搞积肥。大家认为增产超产不成问题,都说"这下有了奔头"。有人描述当时社员心情的变化说:过去是"队长打钟叫我干",现在是"没有钟声我要干"。过去是"头遍铃伸头望,二遍铃慢慢逛,到田就拉呱,干活看太阳",现在是"起早、摸黑、不歇中",男女老少齐上阵。

六　广州会议期间

中央定于1961年3月10日召开中央工作会议（指"南三片区,北三片区"先在北京开,后合并到广州一起开）,我们随同曾希圣还有山东省委同志一起乘飞机去广州。因天气变化,中途先在南昌停下,后又继续飞,到长沙又停下。这期间,曾希圣还在不断反复思考、修改试行"责任田"的方案。到广州后,曾希圣就将关于"责任田"办法的草稿分送有关同志征求意见。鉴于这是一个烫手山芋,有的人（例如一位长期在中央农村工作部门担任领导的同志）看后不置可否,说这个文件不大看得懂;也有的认为好是好,但担心会出问题;当然也有表示支持的,邓子恢就是其中一个,还有江西省委第一书记杨尚奎。在广州,曾希圣向杨尚奎详细介绍了"责任田"办法,杨尚奎很欣赏他的创见,杨在江西布置省里和各地区都办一个试点,还亲自到星子县搞了一个试点。

在华东区小组会议（也有中央与国家机关的负责人参加）上,曾希圣汇报了关于"定产到田、责任到人"的责任制办法,引起了强烈的反响,出现了各种不同的意见。有人认可,有人担心,有人保持沉默,有人则持异议,说这是"组织起来的单干",

有人称之为"农民种田,向国家交租",也有人直言不讳地说,这是"回到土改分田的时候去了"。

在广州会议上,曾希圣遭遇四面夹击。而安徽的情况,又是怎样呢?大多数同志对推行"责任田"一则以喜,一则以忧。喜的是群众干劲很快起来了,生产立马就有起色,增产把握很大;忧的是这个办法一出台就受到误解和指责,说是变相单干,会导致两极分化,国家征购任务无法完成等等。大家特别担心的是政治风云变幻,说不定哪天形势突变,"责任田"会遭到批判。总之,感到心里没底,不踏实,深恐在方向路线上出问题。我在广州,经常同合肥有电话联系,主要是同张立治交谈广州和安徽的情况。我们在议论中认为,"责任田"增产有把握,方向问题有"五统一"可以解决,而且有深厚的群众基础,主要问题是组织手续似乎还不完备,需要向中央请示报告,取得试点权和推行权。我多次向曾希圣反映了这些情况和意见,引起了他的高度重视。大家感觉到,推行"责任田",打破常规,事关重大:一是要能站得住脚,增产不成问题,人民群众赞成也不成问题;二是要符合组织程序,事先请示报告,争取获得通行证。

曾希圣当机立断,打电话给毛主席秘书林克,说要当面向毛主席汇报、请示。3月15日上午8时多,接到毛主席秘书电话通知,曾希圣立即赶往毛主席住处(曾希圣住在郊区的珠江宾馆,毛主席住在附近的小岛,相距甚近),山东省委第一书记谭启龙也去了。其时,毛主席已躺在床上,曾希圣畅述意见,详细汇报了试行"责任田"办法的基本内容、主要好处和可能带来的问题,还说从试点来看,增产是有把握的。

毛主席说:"你们搞试验嘛,搞坏了,检讨就是了,如果搞好了,能增产10亿斤粮食,那就是一件大事。"毛主席这次谈话,只有曾希圣和谭启龙二人在场。20世纪80年代初期,我曾写信问过谭启龙当时的谈话情况,他亲笔回信说:那天早上,我二人去时,主席已上床,还未睡,室内无其他人,曾希圣作了汇报,主席表示可以试验。毛主席还问我:山东搞不搞?我回答说:不准备搞。回忆起这段往事,谭老深有感触地说:当时我就是没有希圣同志的胆识。

那天,华东区和华北区编为一个小组,正好轮到我在小组会上作记录。大概在9时半,谭启龙先回到组里,柯庆施找他悄悄地问了一下去主席那里的情况,很快曾希圣也回到会议室,看他脸上表现出的情绪很好。柯庆施在发言中强调说:"我们的目标是不变的,但前进的道路是不平坦的、曲折的,有时要走'之'字形的道路前进,退一步进两步。"总的看来,会上对"责任田"的调子有了改变。会后,华东局的一位候补书记还急急忙忙地打电话回去说,毛主席对"责任田"有鼓励试办之意。这下,曾希圣总算冲出了重围。

毛主席表态后,曾希圣立即在电话中告诉了安徽省委书记处常务书记桂林栖,说"责任田""现在已经通天了,可以搞"。于是,安徽省委抓住时机,趁热打铁,在3月15日当晚,就给各地市县委发出了一封信,并附去《关于包产到队、定产到田、责任到人办法的意见》,信中说:"希望你们有计划有步骤地全面推行","这个办法既符合社会主义原则,又符合中央关于当前农村人民公社十二条政策,对调动广大群众的生产积极性,加强社员的责任心,恢复与发展农业生产,有很大意义,得到了广大群众的拥护"。"但是,在推行中要注意加强领导,省委、地委、县委和工作组的负责同志都要深入到各个生产小队,进行细致检查和帮助,对可能发生的'各顾各'、'争先恐后'、'不照顾困难户'的问题,要和群众一道研究,订出妥善办法加以防止,对群众可能发生的误解要认真地解释清楚,务使这一办法得到正确地贯彻"。这样,"责任田"办法就在春耕大忙前在全省各地推行开来。紧接着,在3月17日,安徽省委又批转了安徽省委常委、农工部长张世荣《关于广德县誓节公社牌坊生产队实行包产到户、定产到田、责任到人的工作报告》。这是安徽省委就"责任田"问题发出的头两个正式文件。

真是好事多磨。一波刚平,一波又起。广州会议期间,毛主席的秘书田家英从华东局那位候补书记那里看到一封人民来信,反映农村搞"责任田"给困难户带来很多困难,特别是孤儿寡母在生产和生活上遇到许多困难。田家英把人民来信拿去转给毛主席,自己又写了一封信,说推行"责任田"是在困难面前惊慌失措的表现,是病急乱投医的措施,是我们的工作失误给群众造成了很大困难,现在又丢下他们不管,于心何忍。田家英在信中还写道:"寡妇们在无可奈何的情况下,只好互助求生。她们说:'如果实行包产到户,不带我们的话,要求给一头牛、一张犁、八个寡妇互助,爬也要爬到田里去。'看到这些,令人鼻酸。工作是我们做坏的,在困难的时候,又要实行什么包产到户;把一些生活没有依靠的群众丢开不管,作为共产党人来说,我认为,良心上是说不过去的。""依靠集体经济克服困难,发展生产,是我们不能动摇的方向。"其实,田家英并不了解安徽"责任田"的真实情况和对困难户照顾的措施,只是凭感情和想象发表意见而已。当时,这封信也引起了不同的看法。陶铸说:"家英啊,我赞成你的意见。"陈云则不以为然,明确说:"安徽搞包产到户,应该允许人家试验嘛!"1962年夏,田家英派人来安徽无为等地作了调查,调查结果认为,包产到户对解救遭到严重破坏的集体经济,迅速恢复农业生产,肯定是有益的和必要的。田家英自己也转而鼓励推行"责任田",这是后话,暂且不表。就说陶铸和曾希圣,互相都很尊重对方,在广州中央工作会议期间,陶铸对"责任田"问题曾经生动地讲过:曾希圣是在做一副大牌,可能赢得满贯,也可能输个精光。当然,搞"责任田"并不是出于赌博的侥幸心理,而是建立在对当时人民公社生产管理体制弊端的深刻研究之上,是在寻找新的出路。就以曾希圣做的这副大牌来说,到底是赢还是输呢?当年立竿见影大丰收,说明是大赢;1962年之后遭受批判可以看作暂时的输；党的十一届三中全会之后，包产到户又以星星之火，形成燎原之势，在全国普遍推行，则是最后定论为大赢。

毛主席看了这些材料，立即批给中央领导同志和柯庆施阅，也转到了曾希圣处。毛泽东又通过柯庆施转告曾希圣："'责任田'可以在小范围内试验。"说明毛主席对"责任田"还有疑虑。曾希圣经过反复思考，结合各地试点情况，经过精心准备，在3月20日给毛泽东、刘少奇、周恩来、邓小平、彭真、柯庆施等领导人写了一封信，比较详细地说明了"责任田"的做法和积极作用，也指出了可能带来的问题以及克服这些缺陷的措施。他着重说明这个办法借鉴了包产到户的办法，但现在的做法"是吸取了它的好处，又规定办法防止它的坏处。特别是强调了'五个统一'"。"从试点来看，情况是好的，增产的可能性是很大的。当然，今后是否会出现新的问题，现在还不能完全预料，需要在实践中继续摸索，才能作出最后结论。"这封信既对"责任田"办法作了进一步阐述，又强调了实践是检验真理的标准，是一篇重要历史文献。这封信已刊登在1992年第4期《党的文献》上。毛主席对这封信没有明确答复，但也没有腰斩"责任田"，而只是要求缩小试验范围。

曾希圣从广州回到合肥之后，3月28日当晚召开了安徽省委常委会议，传达广州会议精神，并说"责任田"办法"现在肯定在小范围试验"。"我们就今年试验一年，如果实践证明是好的就继续搞，实践证明不好，以后不搞就是了"。他还要安徽省委办公厅通知下面停止推行。但由于"责任田"办法一实施就显示出巨大的吸引力，仅仅十几天的时间，到3月底全省已经有39.2%的生产队实行了这个办法。当时，华东局曾派农办副主任董家邦来皖了解"责任田"试行情况。在4月初的一个星期天的上午，在安徽省委会议室我向他汇报了"责任田"的推行情况和基层的反映，以及生产上的新气象。汇报着重说明了在较短时间内有近40%的生产队实行"责任田"办法，不是下命令大力推行的结果,而是"不胫而走",是群众自己要求搞起来的。他表示充分理解。后来他又来皖作过3次调查,对"责任田"一贯持肯定和支持的态度。4月10日至24日,安徽省委召开三级干部会议,曾希圣在会上传达了广州会议精神,讨论了《农村人民公社工作条例(草案)》即"六十条"。曾希圣在作总结时,着重讲了"责任田"办法的提出、基本做法、主要好处,并回答了几种怀疑和顾虑,强调要防止可能发生的问题,要求切实加强领导,及时总结经验,"要开动脑筋,使这个办法逐渐完善"。这样,"责任田"开始进入稳定推广、加强指导、逐步完善的阶段。

七　精心指导　稳步推行

经过多方努力,"责任田"总算在安徽开始推行了。"责任田"既是对原有的生产管理体制的突破,又是在探索中形成的一套新的生产管理办法。可以想见,在试验和推行中,既要面对各种怀疑和困难,做好解释工作和思想工作,又要引导基层干部研究掌握好这个办法,防止可能发生的问题,使其收到良好的效果,工作十分艰巨,十分细致。曾希圣和安徽省委为了取得工作的主动权,把"责任田"这个新生事物推广好、实行好,真是做到了精心指导,步步抓紧,环环扣牢,一抓到底。

一是大抓宣传说服工作,反复说明"责任田"的好处和对可能出现的问题应采取的防范措施,尽量解惑释疑,消除顾虑,减少误解。"责任田"的推行,真是一石激起千层浪,引起了各个方面乃至整个社会的广泛关注,出现了人人争说责任田的盛况。有些在工厂做工的、在军队当兵的,要求回乡承包耕地,在校学生和家在农村的干部对来自家乡的变革也有种种议论。当时,对推行"责任田"赞成是主流,也有表示怀疑和忧虑的。大致来说,当时有四种态度和认识:一是热情赞扬,积极拥护。他们认为这个办法符合农村实际,顺应民意,有利于解决人民公社管理体制中的弊端,有利于调动广大农民的积极性,加速恢复和发展农业生产,救民于水火之中。有的农村干部和社员说:"这个办法是真正懂得农村和农民的人想出来的。"二是可作为权宜之计,用来解决暂时困难。他们认为这个办法像打强心针,肯定会激发农民的干劲,对农业增产会起到重要作用,但"五统一"难统一,一定会带来各顾各、纠纷多、困难户问题不好解决等等问题,不宜作为长久之计。三是疑虑重重,亦喜亦忧。喜的是看到农业生产有起色,农民主动设法添置农具、耕牛,千方百计多增产,忧的是农民私心会加重,社会主义因素会被削弱,贫富差距会拉大。四是坚决反对,担心方向错误。他们认为"责任田"就是分田单干,搞倒退,走歪道,担心后果不堪设想,农村必然两极分化,形成"穷的穷,富的富,帮的帮,雇的雇"的不良后果。在邻省边界,有的地方公然挂起大幅标语:"坚决抵制安徽的单干风。"有鉴于此,安徽省委清醒地认识到,做好宣传说服工作,讲清"责任田"的性质和特点,消除思想疑虑,冲破重重阻力,是摆在面前的首要工作。1961年4月,在安徽省委召开的三级干部会议的总结报告中,曾希圣对"责任田"办法从理论和实践的结合上作了充分的说明,他明确指出:"任何生产都要有责任制","这个办法的好处,主要是把包工和包产结合起来,把集体负责和个人负责结合起来。这样做能减少过去评工记分产生的那些缺点","能充分调动社员积极性,加强责任心,做到各尽所能,人人有责……能更好地贯彻'按劳分配,多劳多得'的原则,社员努力提高劳动效率,保证农活质量"。"这个办法的方向没有什么不对头的地方,因为这个办法中心问题是加强'责任制'……它并没有改变所有制……实行这个办法也不会削弱社会主义因素。这个办法不是落后,应该说是向前进"。同时又强调要预防可能发生的问题,注意解决困难户的问题。之后经曾希圣提议,并由他亲自主持,于4月27日以安徽省委名义向党中央、毛主席和华东局写了《关于试验包工包产"责任制"情况的报告》,对包工包产和奖赔办法作了进一步说明,并强调指出:"这和六十条中所说的'实行严格的田间管理责任制','有的责任到组,有的责任到人'是完全一致的。"还特别提出:"为了避免影响邻省,请求中央把我们这个办法告知他们,以免在群众中发生误解。"同时,又把这个报告发到全省县以上党委、省直机关以及军区党委,要求他们在"有人前来了解这个办法时,请根据这个报告的精神进行解答"。当时全省上下开展了关于推行"责任田"的宣传教育,省社会科学联合会还曾举行座谈会,讨论"责任田"的形成、性质和特点,省里宣传新闻部门派人做了大量调查工作,准备在报刊上公开宣传推行"责任田"的必要性和带来的新气象。安徽省委考虑到当时"责任田"还处在试行阶段,需要在实践中加以检验和充实,因而没有同意这样做。但是,经过一段时期的宣传解释和具体实践,越来越多的人了解了"责任田"的好处,农村的新气象说服了许多怀疑观望的人,社会舆论逐渐趋于平稳,营造了一种比较有利于推行"责任田"的氛围。

二是安徽省委负责同志亲自下去抓点,取得直接经验,指导和推动这项工作。早在3月初,安徽省委书记处会议就决定由省委负责同志带着当时形成的《关于定产到田、责任到人问题(草稿)》,分头下去传达贯彻,主要是抓典型试验。省委主管农村工作的王光宇到阜阳地区,同地委、县委商量后搞了20个试点,他自己则到太和县双浮公社直接抓了一个点。当时阜阳地区有些社队为了抢时间、赶季节,晚上打着灯笼丈量土地,承包到户;有的来不及逐块计算土地面积,即按垄把土地划分到户,迅速掀起生产热潮。安徽省委常委、农工部长张世荣到广德县誓节公社牌坊生产队抓了个试点,并及时总结实践经验。曾希圣则按照中央要求,在四五月间亲自带领大批人员到肥西县合巢公社蹲点调查农村各项紧迫问题,并组织人员在汪潦大队进行"责任田"试点和总结具体经验,用于全面指导。

三是及时调查总结,加强具体指导。在推行"责任田"的过程中,十分重视调查研究,便于及时发现问题加以解决,及时总结经验加以推广。5月23日,由曾希圣主持起草并以安徽省委名义发出了《关于认真调查和全面总结"包工包产责任制"的通知》,要求地委负责人亲自动手,县委也要抓调查研究。很快,全省兴起了调查研究之风,不断有各种情况简报、调查报告和有关"责任田"的人民来信送到省委。曾希圣对这些材料一般都要亲自过目,凡是要求回复的,他都抓紧研究,提出解决办法,及时给以明确意见。据不完全统计,从1961年3月到12月的10个月中,曾希圣亲自主持拟定的以安徽省委名义发出的通知、批复就有100多件。例如,1961年5月23日,他亲自起草省委批语,将安庆地委的一个报告批转各地、市、县委,强调指出:"加强社会主义教育、回忆对比教育,来克服实行包工包产责任制办法产生的副作用,是完全必要的、及时的。各地要针对那种自私自利思想,不愿当干部的思想,怕犯错误不负责任的思想,作好政治思想教育。"

四是坚持自愿原则,尊重各地干部和群众意愿,不搞"一刀切"。在进行"责任田"试点和推行之后,曾希圣和安徽省委就明确提出,要坚持自愿原则,注意因地制宜,绝不勉强干部群众去办,实行哪种包产办法,全由群众自主决定取舍。当时生产上困难较多的怀远、定远等县以及原来农业生产较好的桐城等县,县委表示不打算推行"责任田"办法,要求实行包产到组。曾希圣不仅同意他们的意见,还以安徽省委名义发出通知,请各地、市委"考虑确定一部分社队不实行田间管理责任制加奖励的办法,有的县如怀远、宿松、定远等,也可以不实行这个办法,以便进行对比研究"。"对于没有实行这个办法的县、社、队,不要批评他们,更不要勉强他们去实行"。当时的实际结果是,在群众的迫切要求下,全省实行"责任田"的生产队不断增多,在宿松县也有不少社、队实行了"责任田",这才有了后来钱让能《关于保荐"责任田"的报告》。当时强调由群众自主决定,既是试行应有的做法,也是一种自信的表现。

五是认真听取不同意见,加强对比研究。在推行"责任田"过程中,安徽省委收到许多来信和报告,反映各种意见和建议,有赞成的,有担心的,有存疑的,也有反对的。曾希圣对这些意见十分重视,反复研究,择善而从,并且鼓励大家进行探索。在1961年10月19日安徽省委召开的扩大会议期间,他提议挑选一些代表不同意见的来信和材料印发给到会同志进行讨论。其中,包括胡耀邦给中央的报告中关于"责任田"的内容(为"责任田"深深担忧)以及在北京的老干部刘年的来信(盛赞"责任田"办法)等。曾希圣亲自写的按语指出:"对实行田间管理'责任制'办法有不少来信和调查报告,多数是赞成的,也有怀疑的。为了继续总结经验,提议省委办公厅把这方面的文件都印发给同志们研究讨论。"这样做,体现了曾希圣勇于听取不同意见,在争论和探讨中加深研究,集思广益,以利于提高认识,不断改进和完善"责任田"办法。可以说,这是唯物辩证法在领导工作中的具体应用。

这里要说明一下胡耀邦于1961年秋庐山会议之后来安徽考察所得出的一些重要看法。他当时跑了几个省,给党中央和毛主席写了题为《二十五天三千六百里路的农村察看》的报告,毛主席在10月初把这个报告印发给参加中央召开的中央局第一书记会议的人员。胡耀邦在报告中充分肯定了安徽下决心选派干部加强对后进县(就是问题多的县)的领导,效果明显;肯定了淮北治水确有成效。对安徽推行的"责任田",他认为"对调动社员的劳动积极性起了积极作用","这是一个客观事实……不能对它一棍子打死"。同时,他对"责任田"也存在着无穷的忧虑。他说:"但是这种做法已经出现了一些难以解决的矛盾和纠纷。""随着时间的推移,它不可避免地要发生一系列的危险。"结论认为:"'责任田'是起过作用但具有危险性的做法。"实际上他是不赞成搞"责任田"的。1982年10月,作为中共中央总书记的胡耀邦来安徽还专门为此"还债道歉"。他在干部大会上说:"对'责任田'的认识有先有后,当时我对这个办法是不赞成的。我欠了安徽人民一笔债,我这次来安徽是来还债的。"他还特地约请了1961年积极推行"责任田"的孟亦奇、任松筠、马维民等面谈,表示道歉,作了自我批评。他的这段话其实也是启发人们对当时正在推行的家庭联产承包责任制要端正认识,迎头赶上。

从当时全省的情况来看,"责任田"的推行可以说是闻风而动,势不可挡。基层干部和群众积极要求把"老办法"改为"新办法",虽然安徽省委根据中央和华东局的意见,竭力掌握"责任田"的发展速度,但实际上已无能为力,因为群众自动自发地搞开了,表现出很强的主动性,充分反映了群众的迫切心情。5月间在肥西县义城公社作全面调研期间,柯庆施对"责任田"的发展迅速有些不放心,亲自打电话给曾希圣,请他注意掌握。曾希圣在电话里充满信心地表示推行"责任田"是群众的要求,不会出大问题,而且能收到立竿见影的效果。

这里还要大书一笔的是,如果说"责任田"问题在广州中央工作会议期间争论和分歧很大,那么,从1961年5月下旬到6月上旬,在北京召开的中央工作会议期间,对"责任田"问题没有什么争议了。特别令人振奋的是,周恩来总理对安徽的"责任田"十分关心,大概在5月底至6月初,他派总理办公室副主任许明来找安徽同志了解推行"责任田"情况,有关人员不但向她上交了详细汇报,提供了许多文字材料,还将一些地方送来的新、老两种办法对比的照片以及社员在"责任田"里辛勤劳作、精耕细作的照片给她过目。当时虽然没有听到她的看法,但事后曾听说,周总理一再肯定了"责任田"的增产效果,这对安徽省委和安徽人民都是极大的鼓舞。

"责任田"在全省逐步推广之后,极大地调动了广大农民的积极性,广大农村出现了生气勃勃的景象,农业生产的面貌焕然一新。这从省委书记处常务书记桂林栖的一份报告中可见一斑。1961年8月7日,桂林栖向省委作了《关于太和县试行"责任田"情况的报告》,所述情况具有广泛的代表性。报告中讲道:太和县有81.4%的生产队实行"责任田",经过夏收、夏种、夏管的考验,明显表现出这样一些特点:一是劳动力充分利用。就是说过去干活是干部挨门找,社员装病号,明是去干活,暗地去睡觉;现在是干活不用叫,个个头里跑,老少都下地,家家闲人少。不仅整、半劳动力得到充分利用,而且劳动质量和效率也大大提高。二是耕畜、农具数量显著增加。实行"责任田"办法4个月以来,已购买耕牛4200头,其中1200头是群众自筹资金买的,大小农具数量也增加了不少。社员说:"去年农具往外丢,今年农具往家添,要不是实行这个新办法,哪有心肠添这些东西。"三是生产面貌大改变。首先是种得多。去年全县抛荒29万亩,今年除留2万亩晒垡地外,其余耕地全部种上庄稼。其次是管得细。秫秫普遍锄了五六遍,最少锄了三遍。红芋都进行了补苗、拔草、冲垄、翻藤。黄豆据说1957年只锄一遍,1960年未锄,今年一般锄了两遍,部分锄了三遍。在解决了大田与自留地争肥矛盾以后,各种作物施肥量普遍增加。不少地方社员还自己出钱买肥增施,买种子补种,买农药灭虫。然后是庄稼普遍长得好。我们在沿途看到,庄稼长得都比较均匀,没有草荒,秋粮作物中秫秫长得最好。往年这里秫秫穗头基本都是壳多粒少,而今年从上到下都是籽粒饱满。据70多岁的老农说,这是40年来所罕见的。报告还分析了"责任田"的发展趋势,强调指出:在生产形势的启迪下,不少人转变了对"责任田"的看法和态度。"在太和县曾经有老办法,有包产到组的办法,有'责任田'新办法,但当实践显示出'责任田'确比其他办法优越,干部推行'责任田'办法的态度也就由摇摆转为坚决,原来的多种办法也就自然趋向于单一的'责任田'办法"。

"从阜阳全区来看,对推行'责任田'新办法,凡是抓得早、抓得紧的地方,夏季生产都搞得较好。亳县因为抓得晚,6月下旬才布置全面推行,就很被动,生产搞得较差。全县抛荒21万亩,草荒40万亩,与太和县庄稼生长情况形成鲜明对比。现在亳县县委已感到吃了亏,下定决心全面推行'责任田'办法,力争在秋种中摆脱现在的被动局面"。

八　石关会议和毛泽东蚌埠谈话

1961年6月25日至7月19日,安徽省委在岳西县石关(安徽省委一家招待所)召开全省三级干部会议,主要内容是传达贯彻5月21日至6月12日举行的中央工作会议精神,检查总结1958年以来安徽工作中的严重错误和经验教训,整顿思想作风,同时总结试行"责任田"的经验。

在曾希圣亲自主持下,写成了《关于试行田间管理责任制加奖励办法的报告》,着重说清了它的好处,分析说明了这个办法符合社会主义原则,"已经试行的地方,继续坚持下去","没有试行这一办法的生产队,秋后是否采取这一办法,由社员讨论决定"。这个报告发给到会同志讨论,普遍反映较好,华东局派来参加会议的一些同志,也认为这个报告有说服力,会后即正式上报中央和华东局。

7月12日,石关会议正在进行的时候,毛主席从南方视察回北京,途经蚌埠时,通知曾希圣去汇报。曾希圣连夜由石关赶回合肥,再乘火车去蚌埠,我也随同前往。13日上午,曾希圣即匆匆到火车站走上专列向毛主席汇报了石关会议检查几年来工作中的问题和总结经验教训的情况,以及试行"责任田"

的情况。他在讲到检查自己和省委近几年的工作时说:"我们省委有两个错误是方向问题,一是把减产当成增产;二是把农村里本来是'左'倾当成右倾来反。"曾希圣当着毛主席的面,坦率而又中肯地指出三年困难时期发生严重问题的主要原因在于"左"的错误,这充分显示了曾希圣的勇气和胆识。他又详细介绍了"责任田"的推行和实施情况,谈到"责任田"的好处时说:"过去包产的办法,只有队长一个人关心产量,社员只关心自己的工分,现在的办法不仅队长关心产量,而且每个社员也关心产量。田间管理长年包工到户,好处很多。过去评工分是挣工分,现在是要把'责任田'种好,多吃超产粮。"毛主席听后回答说:"你们认为没有毛病可以普遍推广。""如果'责任田'确有好处,可以多搞一点。"毛主席对"责任田"的推广态度有所变化,同意进一步放开,估计有两个原因:一是毛主席对安徽恢复、发展农业生产十分关心,路上看到安徽庄稼长得好,引起了他对"责任田"的重视;二是公社化以后,毛主席一直为如何解决两个平均主义(即队与队的平均主义、社员与社员之间的平均主义)而费尽心力,苦苦探索,曾希圣介绍了"责任田"的好处,对解决这个问题不失为一种有益的探索。

毛主席明确的表态使曾希圣如释重负,备受鼓舞。毛主席最初同意试验,后又限制在小范围内试验,现在表示可以普遍推广。曾希圣深感毛主席和党中央肯定和支持"责任田"办法,这样在全省推行"责任田"就更有信心了。送走了毛主席,曾希圣立即赶回石关,向出席省委三级干部会议的同志传达了"责任田""可以普遍推广"的指示,并作了具体部署。从此,"责任田"的推广工作又掀起了一个高潮,发展速度大大加快。到8月中旬,全省实行"责任田"的生产队增加到74.8%,10月中旬又增加到84.4%。

这里还要着重介绍一下石关会议在总结1958年以来的经验教训时,明确提出了"左"的严重危害,讲了十四条经验教训,具有批"左"整风的鲜明特点,这对端正农村工作的指导思想具有重要意义,这同推行"责任田"是冲破"左"的束缚是相辅相成的,真可谓异曲同工。曾希圣在报告中强调:"这几年工作上的毛病",主要问题之一是"把农村中存在的'左'估计为'右',在反右中错斗了一些好人"。在十四条经验教训中,有几条着重讲了农村工作中的主观狂热和"左"倾错误。他明确指出:"第一,不要单纯怕落后,要按照客观规律办事。只要我们……依靠群众的力量按客观规律去做,那就不会落后。怕的是单凭主观愿望办事,因怕落后而蛮干。""第二,不要盲目赶风头,要善于辨别方向,择其善者而从之,其不善者而批判之。""这几年,对于来自'左'的方面的歪风,有的也糊里糊涂跟着干了。""第四,不要片面强调发展工业,要首先抓好农业,按农轻重的次序,正确处理各方面的比例关系。""第十,不能忽视农民问题,要经常研究农民问题,不断加强工农联盟。……对干部中有关农民问题的许多糊涂思想没有认真进行教育,以致长期没有得到澄清……结果刮起严重的共产风……想用穷富拉平的办法来消灭差别。""第十一,不要被框框所限,遇事要搞深搞透。在'大跃进'中,在人民公社工作中,新的问题很多,大家都缺少经验,这就更加要求我们以客观的态度,对各种新问题进行深刻研究,不要为框框所限制。……中央在关于认真进行调查研究工作的一封信中指出,'不要怕听言之有物的不同意见,更不要怕实际检验推翻了已经作出的结论'。这两句极为重要。""第十三,不能混淆事物的界限,要提高理论水平。""这几年我们工作中所出现的毛病,很多是……把问题的界限没有划清而发生的。……1. 不少人对社会主义和共产主义的界限混淆不清。2. 有些人对社会主义和资本主义的界限混淆不清。他们不懂得在大集体下必须要有小自由,在集体所有制下还需有部分的个人所有制,不懂得这是社会主义经济的必要的补充。他们把自留地说成是私有制的尾巴,把经营家庭副业说成是搞'自发',社员收入一多就害怕走上资本主义道路。3.有些人对正确和错误的界限混淆不清。他们把说老实话的人当成右倾,把踏实苦干的人说成是保守,把反对高指标的人说成是甘居中游,把重视客观条件的人说成是'条件论者',把抵制一平二调说成是本位主义。他们还宣扬'左'比右好,说什么'左'是工作方法问题,右是立场问题。"

大家都清楚,1961年虽在纠错,但还没有提到纠"左"的高度来认识和解决问题。在当时全党还没有从"左"的错误中清醒过来、纠正过来的历史条件下,勇于站出来历数农村工作中"左"的种种表现和危害,明确地提出要对"左"的一套加以清理,从思想上、理论上加以纠正,回到正确的轨道上来,能有这样的认识和自觉是十分难得的。这对端正农村工作乃至各项工作的指导思想,是有重大意义的。搞"责任田"就是在纠"左",而只有从指导思想上摆脱"左"的束缚和影响,才能使农村改革稳步推进。

九　春华秋实

曾希圣在1961年4月间召开的三级干部会议上谈到"责任田"问题时曾经说过："这个包工包产的办法，还是初次试行，到底如何，还要由实践来检验，我们是个'算账派'，到秋后看。"过去常说，春华秋实，春天开放的灿烂之花，秋天会变成累累硕果。"责任田"在春天横空出世，开遍江淮大地，秋天全省普遍丰收。

也许有人会说，1961年比较风调雨顺，因而农业取得较好收成。其实并非如此。1961年春耕大忙时，一度少雨缺水，夏秋之间干旱也较严重。中央粮食部副部长周康民在1961年秋后，曾到安徽省肥东、肥西、全椒、舒城、庐江、寿县六个县进行了深入的调查。他在调查报告中既谈了干部群众的反映，又作了鲜明的对比。报告中说："有的干部说，今年旱灾比1958年和1959年还大，但群众情绪安定，生产积极性很高，要不是贯彻了中央的十二条和六十条，以及省里试行的田间管理责任制加奖励办法，是不可能的。""全椒县还有社员说，'实行责任田就是摸透了我们的心，这个办法一定是会种庄稼的人想出来的'。"

报告中还以肥东县长乐公社涧南大队路东生产队和路西生产队为例作了对比。这两个队同在一个自然村（始朱村），只有一路之隔，一个在路之东，一个在路之西。总的看来，生产条件基本相同，路西队要稍好一些。往年路西队的生产情况一直比路东队好，但是，因为一个搞了"责任田"，一个还是老办法，1961年的生产，路西队却比路东队差。路东队夏季粮食作物亩产112斤，路西队只有100斤，少一成多；路东队秋季粮食作物亩产245斤，路西队只有195斤，少50斤；路东队全年粮食作物平均亩产539斤，而路西队只有464斤，少了75斤。路东队总产可收36344斤，而路西队只能收34792斤，路西队田地比路东队多15亩，产量反而少1552斤。路东队社员喜气洋洋，路西队社员无超产粮可得，一心想改为"责任田"。

又比如太湖徐桥公社桥西大队，这是原来生产情况很差的地方。1961年遇到了连续105天的干旱，在这样的情况下，仍然全面增产。1961年与1960年比较，由于实行了"责任田"，粮食产量由11.4万斤增长到20.78万斤，增长82%（自留地产量不在内）；油料产量由278斤增至1860斤，增长6倍多；棉花由62斤增至576斤，增加近10倍。生猪、家禽数量也是几倍几倍地增长。真正是五谷丰登、人畜兴旺。

再说宿县符离区王楼公社的杨庄生产队和曹庄生产队。杨庄队在全区全社都是拔尖队，与杨庄相距不到一里的曹庄队，在各方面条件都较差。1961年，曹庄队搞了"责任田"，结果粮食总产达19万斤，单产331斤，比1960年增长15%，而杨庄队还是实行老办法，1961年总产21.5万斤，亩产320斤，只增长4.9%，增产幅度小，亩产反而比曹庄队低。

1961年9月14日，安徽省委发出《关于进一步调查和总结两种包工包产办法的通知》（以下简称《通知》），指出秋收即将结束，全年收成可见分晓，两种不同的包工包产办法（指"责任田"新办法和包产到队老办法）的成效和问题，在这个时候也看得更加明显。因此,《通知》要求各地在不同类型的地区各选择条件大体相同的生产队,深入地进行一次调查,加以对比分析,研究总结,以便改进提高。

据1961年10月省有关部门和各地对26个县的典型调查,实行"责任田"的36个队,平均亩产粮食284斤,比上一年增产38.9%;另外36个不实行"责任田"的生产队,平均亩产粮食270斤,比上年只增产12%。繁昌县峨山公社铁厂生产队的调查材料反映,该队3月底实行"责任田",全年预计粮食亩产638斤,比条件相同但没有实行"责任田"的宗塘生产队平均亩产402斤高出30%以上。午季、早稻、中稻的上交任务,都已超额完成。

这里有必要专门讲一下全省第一个试行"责任田"的合肥市蜀山公社南新庄生产队一年间取得的成果。据调查,除个别户因主要劳动力忙于搞运输业,田没有种好,仅能完成包产任务之外,可以说是户户超产,有的户实产比包产指标翻了一番以上。例如:妇女队长李中原家,承包田6.3亩,平均每亩包产500斤,包产指标共3150斤,实收稻谷6000多斤,山芋500多斤。社员李泽开家,包产田8亩,都是瘦田,包产指标总共1900斤,实收4000多斤。社员金维安家,包产田4.3亩,包产指标共2000斤,实收4000多斤。社员李长有家,包产田15亩,包产指标共6500斤,实收8000多斤。社员孙家群家,包产田4.2亩,包产指标2400斤,实收3000多斤。许多社员家庭的副业也有很大发展。由于生产快速发展,社员生活也有相应的改善,许多农户添置了衣服、家具,有的还盖了房子,娶了媳妇。社员高兴地说:包产到户以后,生产搞得好,生活也改善了,真是"芝麻开花节节高"。

1961年11月,安徽省委研究室的同志(赵岭峻和我等五人),根据曾希圣的交代,到枞阳县陈洲公社对新旧两种办法作对比调查。我们到陈洲公社后,分别到几个生产队进行广泛调查。我住在生产队的队屋里,在社员家吃饭,每天交一斤粮票三角钱。那时,一天三顿都吃得饱饱的,还有豆腐青菜保平安。当地几乎家家增产,不仅能吃饱,留足了种子,还希望政府组织工业品下乡,能够以粮换布、以粮换锅等等。我们及时向省委作了汇报。我住的队屋里,还有五六千斤储备粮,有了余粮是好事,可每天晚上睡不好觉,老鼠经常出来吃粮食,吵闹烦人。不管怎样,队里有了储备粮,是多年来求之不得的大好事,大家心里都非常高兴。

"责任田"的巨大优越性和强大生命力,对安徽农业生产的恢复和发展起了决定性的作用。虽然当时的物质条件比较差,有些地方旱灾也较严重,但是,我们从实践中体会到人的因素在生产中具有不可估量的重大作用,人的劲头鼓起来了,加上有了生产自主权,不受瞎指挥干扰,生产面貌很快就发生大改变、大进展。根据我跑面、蹲点的实际体验和种种见闻推测,全省粮食增产20%左右,也就是总产160亿斤左右。有的统计资料上说,安徽1960年粮食产量为134.9亿斤,而1961年只有125.8亿斤,减产6.8%。这是根本不符合实际情况的。有人写文章论证1961年安徽实产粮食只有125.8亿斤时所用方法是推论加个别实例。其实,没有进行广泛而深入的面和点的调查,没有当时农民生活变化的体验,根本不可能作出恰当的评估。1961年春夏和早秋时期,有些地方干旱较为严重,减了产,没有完成包产指标,这是不争的事实。我曾到肥西县烟墩公社作过调查,少数生产队和社员户不同程度减产,省委曾发文对这样的队和户适当调整包产指标。但这样的队和户并不多,广大面上普遍的情况是有较大幅度的增产。我到肥西县义城公社看了一些农户收打早稻,一片丰收景象,社员喜气洋洋。就阜阳地区来说,亳县推行"责任田"较迟,县里十分后悔,其他地方都大幅增产。如果没有这样的增产效果,河南灾民怎么可能大批前来换购粮食。

2004年,新华社《瞭望》周刊原主编陈大斌写了长篇专文《中国农村改革的一次预演——安徽"责任田"兴起始末》(刊载在安徽《党史纵览》)。他在讲到1961年农业生产成果时,明确指出:"那几年,干部群众由于怕再搞高征购挨饿,少报产量的现象很普遍,加上分户收打,统计工作难度较大。实际产量大大高于统计数字。1961年全省粮食总产量,实际在160亿斤(全年各地包产数字汇总,从各地情况看,绝大多数社队超过包产指标)以上(有的部门测算为190亿斤)。"这段分析是很有见地的。用这么多篇幅来谈1961年的安徽粮食产量,不是简单的数字问题,而是关系到对"责任田"作用的评价,甚至是成败问题。如果说,没有大灾,搞了"责任田"还比1960年减产,还能说"责任田"是一场成功的改革吗?但是,简单的统计数字总不如铁的事实和群众的评价有说服力。广大群众异口同声把"责任田"叫作"救命田",这是他们从切身体验中得出的结论。"责任田"这场改革也被实践检验是行之有效的。

在粮食增产的基础上,1961年原安排年度粮食征购任务26.9亿斤,实际收购32.08亿斤(包括换购、议购等),全省粮食库存增加1.14亿斤,一举改变了前几年粮食库存直线下降的局面。安徽省农民生活得到了较大改善,不仅没有"饿、病、逃、荒、死"的非正常现象,而且大批外流人员纷纷回乡种"责任田"。各地集市贸易也重新开放,城乡市场出现了繁荣景象。城市粮食供应也有明显改善,当时还规定为下矿采煤工人发补助粮,有力地带动了煤炭增产,支援了大城市供电。中央一些主管部门对此很满意。粮食多了,价格也降下来了。淮北许多地方鲜山芋的价格低于柴草,有些农民就把山芋掺到柴草里当柴草卖。安徽扭转困局力度大,进展快,城乡面貌出现一派喜人景象,这从人民的来信中也能看出。在四川工作的皖籍太和人于心在1962年初给党中央写信说:"我因为回乡探亲,在皖北太和住了半个多月的时间,走访了一些亲朋旧友(几乎包括各个阶层)。……皖北地区的情况很好,我途经了川陕豫等省的部分地区,一入皖境竟有新奇感觉,特别突出的是群众自觉生产积极性很高。田畔沟坎之上到处可见从事生产的农民,地里农活一般作得较细,农村集市贸易也较活跃……市场上卖红芋的,卖鸡、鱼、肉、蛋等副食品之类的东西,不仅数量多,而且价格并不十分昂贵……蔬菜充沛,市场价格也比较稳定。逢集赶会人群熙熙攘攘,菜馆饭店坐满着赶集的农民,和群众一接触,都说今年的产量好,群众的生活大有改进……因此可以说皖北地区是恢复与发展生产上的一面红旗。"

安徽推行"责任田"取得了丰收,社员手中有了余粮,为支援友邻省份还在忍饥挨饿的农民提供了可能,作出了很大贡献。从与湖北交界的一些地方来说,太湖的许多社队,在1961年冬和1962年春,由湖北英山、溪水、罗田等县来的农民,络绎不绝。他们翻山越岭,携带衣服、布匹、蚊帐、家具等前来换取粮食。还有许多手工业者,例如裁缝、木匠、泥瓦匠等,干脆在这边做工,既解决了自己的生计问题,又得到一些粮食拿回老家。河南、山东、苏北等邻近安徽的困难地区,也有不少人纷纷来安徽收购和换购粮食。安徽也有不少农民主动将余粮拿到邻省去出售。外地特别是河南省许多人来安徽农村购运粮食,不仅有用汽车、马车、板车、独轮车的,也有肩挑人扛的,随身携带上火车走的。河南省驻军还曾出动各种车辆帮助农民到安徽运粮,出现了一派繁忙的运粮景象。与此同时,还有不少生活困难的外省农民到安徽来通过各种办法谋生,当时叫"移民就食"。安徽有位叫李凤彩的在1962年曾给中央写信,把安徽阜阳地区与河南周边的一些县作了对比,他说:"在河南省的太康等三县早已发生大量的缺粮,自春节后从我们这里运去大量的粮食。""太康县的一个难民已到我们这里近一个月的时间,今天上午我和几个社员正在磨粉,他和我们漫谈说:'我们那里正在登记出外逃难的社员到什么地方去,从登记上看有95%

以上的人到了安徽。'许多人不断地说:'今年安徽人是我们的救命恩人,他们给我们运来了许多粮食。'"由此可见,河南"移民就食"到安徽的人数是一个很可观的数字。

应该说安徽搞"责任田"取得了丰收,不仅解决了自身的问题,还有力地支援了邻省,这也是"责任田"的一大贡献。其中对河南的支援最大,河南可说是受益最多。1962年2月初,在安徽宿县召开安徽、河南两省协作治水的会议。中南局第一书记陶铸、河南省委第一书记刘建勋来到了宿县,他们就安徽干部群众对河南在粮食上的支援表示感谢,并且请求安徽完全撤销设置在两省边界地带的粮食关卡,以利于河南的群众到安徽购买和运输粮食。安徽领导同志从大局出发同意了上述要求。陶铸在广州会议期间虽曾表示不赞成"责任田"办法,但在广大饥民的迫切呼吁之下,也只好求助于通过实行"责任田"而增产的粮食,以解燃眉之急。

为了配合河南群众到安徽购粮缓解饥荒的救急之举,经郑州和蚌埠铁路局商定,在1962年3月25日由蚌埠铁路局公布了蚌埠、郑州间临时客车时刻的命令,明确指出:"为解决河南省与淮北间旅客运输问题……河南、淮北间增开直通临客四对。"这四对列车的一个共同特点,就是大站、小站都要停靠,目的是便于河南人民下车购粮运送。据当年宿县火车站老工人李福德回忆,临客车厢完全由装运货物的高边货车或篷车编组而成,实行客货同行,车一到站,大批社员一拥而上,人就坐在粮袋上,盛况空前。河南群众坐上直达火车到安徽购粮,心里十分高兴,有人还编了唱词,用梆子腔唱了起来:"人民政府开了南天门,灾民坐上了闷子车,买回了救命的粮。"1962年5月间,中共河南省委向中央报告说,为解决缺粮问题,社员群众从外省搞回去两亿斤粮食,其中绝大部分是从安徽运回的。从这件事也可看出"责任田"的重大功绩和广泛影响。

蚌埠铁路局区工会宣教部干部高善礼在给安徽省委的来

信中,不仅充分反映了铁路加开临时客车从安徽运粮到河南的盛况,也表达了他对安徽"责任田"的一些思考。他说:"从安徽省试行'责任田'一年多的情况来看,实际效果很大。应该承认,1958、1959、1960年安徽比其他省在农业生产力的破坏上都严重。可是,试行'责任田'一年多,农民劳动积极性调动得比其他省都快、都高,农业生产的恢复比其他省也快些。我坐火车常听到各地旅客闲谈中说:安徽推行了'责任田',农民劲头大极啦。安徽搞了'责任田',农业比别的省上去得快。从3月中旬开始到5月底,河南省灾民到安徽境内达190万人(仅是乘火车的数字)。"这批人用钱买、用物换,搞了大量粮食运回河南。他的结论是:"责任田"是曾希圣从惨重的教训中得出的一个在目前困难时期解决农民问题的办法,这个措施深得民心,调动了农民的积极性,农民把土地当作土地种了。

十　毛泽东无锡谈话和扩大的中央工作会议

石关会议之后不久,秋收陆续登场。大家看到了普遍丰收的大好景象,进一步增强了推行"责任田"办法的决心和信心。安徽省委在1961年9月下旬召开了整风整社工作会议,其实主要讨论的还是推行和完善农业生产责任制问题。省长黄岩在会上作了重要讲话,省委书记处常务书记桂林栖作了总结报告,着重讲了"认真推行田间管理责任制加奖励办法"。他明确指出:"半年来的实践证明,这个新办法是可行的,对加强社员责任心,调动社员积极性,发展农业生产,起了很大的作用。"他还指出:"这个办法是吸取了合作化以来特别是高级社包工包产的经验,结合当前的实际情况制定的。它的主要特点是:把集体责任和个人责任结合了起来,把包工和包产结合了起来,把生产成果和计算奖赔结合了起来。因此能做到:责任明确,人人关心产量,讲究农活质量,努力争取超产,主动性和积极性大大提高。"这是对"责任田"办法的特点和优点的新的概括。他强调这个办法要坚持实行下去,而绝非权宜之计。报告中对此有一段论述是很有说服力的。他说:"有些人认为这个办法是权宜之计,并非长久之策,怕搞了以后再变。这种顾虑是不必要的。因为,办法是不是会变,要看实际效果来定。如果这个办法确能调动积极性,增加生产,不仅不会变,而且要作为一个好的经验,加以普遍推广。如果这个办法不能增产,不利于社会主义,那就不能不变。根据现在各地实行的情况来看,这个办法群众非常拥护,有的大队干部不愿意实行,生产队就偷着实行。有的县原来不实行,现在群众对领导施加压力,不实行不行。事实证明,这个办法既符合社会主义原则,又能促进生产,是完全应该坚持实行的。"

正当曾希圣和安徽省委一班人更加信心十足地决心继续推行和完善"责任田",促使农村面貌有更大改观的时候,没有想到的是,曾希圣的思路是沿着"责任田"的路径继续往前走,可毛主席却认为,他所着力解决的人民公社中的两个平均主义问题,即队与队之间的平均主义和社员之间的平均主义,应实行以生产队为基本核算单位,采取划小分配单位的办法加以解决,所以他对"责任田"不再支持,而是坚决反对了。1961年9月庐山会议之后,毛主席先到武汉,主要谈以生产队作为基本核算单位;接着又到河北邯郸,召集河北、山东两省负责人和一些地委负责人谈话,在听取汇报后,他又强调了以队核算的好处,最后形成了《邯郸谈话会记录》,日期署为9月27日。9月29日,毛主席又给中央政治局常委写信,提出:"我的意见是'三级所有,队为基础',即基本核算单位是队而不是大队。"至此,他认为人民公社的管理体制问题就算理顺了,"六十条"的不足之处就弥补上了,人民公社化中出现的平均主义问题也就可以解决了。从毛主席的思想发展来看,他先是同意推行"责任田",后来又说在小范围试验,看到"责任田"带来的农业生产新气象,又表示可进一步推广。但从根本上来说,他并不是很赞同和肯定这种办法,允许在一定范围内试行"责任田"主要是从增产粮食、解决农村严重饥饿状况出发的。他主要思考的是如何完善人民公社体制,解决严重影响生产积极性的两个平均主义问题。在 10 月间,中央下发了《关于农村基本核算单位问题给各中央局,各省、市、区党委的指示》。紧接着,11 月 13 日,中央又发出《关于在农村进行社会主义教育的指示》,指出:"目前个别地方出现的包产到户和一些变相单干的做法,都是不符合社会主义集体经济的原则的,因而也是不正确的。在这类地方,应当通过改进工作,办好集体经济,并且进行细致的说服教育,逐步引导农民把这些做法改变过来。"

1961 年 12 月 14 日,毛主席在江苏太湖之滨的无锡,让曾希圣和江苏省委江渭清去汇报工作。在谈话中,他特别指出一点:"包产到户这事,不可干。"当时,毛主席问曾希圣:"有了以生产队为基本核算单位,是否还要搞'责任田'?"并提出:"生产开始恢复了,是否把这个办法改回来?"曾希圣鼓足勇气,实事求是地回答说:"群众刚刚尝到甜头,是否让群众再搞一段时间?"毛主席没有明确表态。

曾希圣经过近一年来从试点到推广"责任田"的实践,深深感到"责任田"给安徽人民带来很大的好处,它的巨大能量刚刚发挥出来,潜力还大得很。它不仅有利于解决两个平均主义问题,而且有利于做到人尽其力,是发展农村生产力的好办法。他把"责任田"看作农村经济管理体制改革的方向,实在舍不得把它丢开,不甘心让这种改革昙花一现。在这种思想指导下,曾希圣认真听取各方面意见,决心继续实行"责任田"办法。到 1961 年底,全省实行"责任田"的有 261249 个生产队,占生产队总数的 91.1%。

1962 年 1 月 11 日到 2 月 7 日,中共中央在北京召开扩大的中央工作会议。这是为了进一步总结 1958 年"大跃进"以来的经验教训,扭转严峻局面而召开的一次规模空前的大会,参加会议的有省、市、地、县委书记,主要厂矿企业负责人,共 7000 多人,故又称"七千人大会"。会议前一阶段主要是讨论刘少奇代表中央作的书面报告。1月27日,刘少奇又作了一个口头报告。本来会议按常规进行,天天讨论,印发简报,等待会议结束。安徽省委参加会议的同志,有曾希圣、黄岩、李任之、王光宇。当时大家的信心都很足,心情也都不错。在闲谈中,时常讲到农村吃上饱饭了,煤矿工人增加了下矿奖励粮,增加了肉食和酒的供应,煤炭产量迅速上升,外调增加,得到中央和部门负责人的好评。可是没有想到,大会安排很快就转入举行安徽全体到会人员的大组会,揭安徽省委的盖子。

在会议进行期间,有人向中央反映,认为会议应当延长时间,许多人的心里话还没有说出来,有些突出问题还没有解决,希望通过这次会议加以解决。因此,毛主席决定延长会议时间。1月29日,毛主席在大会上宣布,要大家"出气",畅所欲言,把话说完,延长会期。他提议,7000多人一起在北京过春节。他号召开一个"出气会","解决上下通气这个问题","白天出气,晚上看戏,两干一稀,大家满意"。1月30日,毛主席在大会上作了长篇讲话,中心是讲民主集中制问题,强调要有充分的民主生活,让群众讲话。有了错误,一定要作自我批评,让人批评。晚上,毛主席召集中央常委和中央局负责人会议,决定中央常委分别参加几个省的会议。当晚,安徽代表团就开大组会,刘少奇等人亲自来坐镇,明确提出了要揭安徽省委的盖子。会议气氛突然紧张起来。第二天,安徽省委几位负责人被通知不参加会议,在屋里看简报、写检查,进行背靠背的揭发批判。到会人员着重揭发了安徽在"大跃进"、公社化中出现的瞎指挥、高指标、共产风、强迫命令、乱批乱斗、封锁消息等严重问题,造成了严重的"饿、病、逃、荒、死"问题;还揭露了安徽省委领导思想作风上的种种问题。在揭露批评中也涉及"责任田"问题,有的说是搞单干,走回头路。曾希圣2月3日和2月9日两次在大组会上检查了所犯错误,他说:"这使党受到了严重损失,使人民受到了严重损失,使工作受到了严重损失,造成了严重非正常死亡,破坏了农村生产力,内心深感对不起党和毛主席,对不起安徽人民,对不起安徽党组织和广大干部,心里十分沉痛。"他在承认自己所犯错误的同时,对农业三改、水网化、"责任田"有所保留。他说:"至于三改、水网化、'责任田'到底错在哪里,我自己要进一步检查,还请同志们进行批评,以便在弄清是非的基础上,本着有错就改的原则来改正。"曾希圣在这些重大问题上光明磊落地表明了自己的态度,保留了自己的意见。刘少奇在这次大组会上讲话,认定曾希圣"犯了方向性错误",并宣布中央决定,免去曾希圣安徽省委第一书记的职务,调离安徽,改组安徽省委。

大家知道,当时农村的"饿、病、逃、荒、死"是比较普遍的问题,较为严重的省也有好几个,都没有作出犯方向性错误的结论,独独用在安徽曾希圣身上,这与"责任田"是密切相关的。安徽的"责任田"是一个特殊问题,与方向、路线紧紧地联在一起。薄一波在《若干重大决策与事件的回顾》中讲得比较明确:"1962年初,曾希圣同志在'七千人大会'上因安徽在'大跃进'中刮'五风'严重而受到批判,也把实行'责任田'作为一个问题提出来进行批判,说他搞'责任田'是'犯了方向性的严重错误','带有修正主义色彩'。曾希圣在有理说不清的高压态势下,没有随风倒,把行之有效的农村改革创举一风吹掉,而是委婉地表示不同意强加的罪名,要让实践去检验,由群众来判断,以便进一步弄清是非,坚持真理,修正错误。"

回顾历史,值得一提的是,当时北京和安徽在对待"责任田"问题上出现一幕很有意思的对比鲜明的悲喜剧。在北京中央扩大的工作会议上,调子越来越高地批判"责任田",而在安徽则还劲头十足地继续推行和巩固"责任田"。1962年1月27日,安徽省委发出了《关于实行以生产队为基本核算单位和加强田间管理责任制中几个问题的通知》。2月3日,省委书记处常务书记桂林栖又主持召开了由各地、市、县委负责人和省直各部门负责人参加的电话会议,强调指出:"我省去年在贯彻'六十条'的前提下,实行'田间管理责任制加奖励'的办法,起了很大作用。尽管有些地方出现了不少问题……但是,促进了生产发展,增加了社会粮食总产量,这是个客观事实。如果说这个办法搞错了,搞坏了,是不符合事实的。"并且提出了继续搞好"责任田"的意见。

近年有一些文章说毛主席在中央扩大的工作会议上狠批"责任田",导致曾希圣下台,这是不符合事实的。据我们所知,在"七千人大会"期间,毛主席没有对"责任田"问题讲什么话。如果毛主席发了话,安徽一定会传达,在改变"责任田"办法中一定会把它用来作为有力的武器和尚方宝剑。新省委主要负责同志李葆华等来安徽以后,多次主持召开省委书记处会议,原来积极推行"责任田"的省委负责同志黄岩、桂林栖、王光宇等都受到了批评。根据1962年2月19日《第五次书记处会议记录》记载,李葆华在这次会议上作了总结性的发言。他说:"对'责任田'办法如何估计,当时安徽灾情很重,提出'责任田'办法是好心,从解决灾情出发的。""但是,是否一定要用责任田办法才能调动群众的积极性呢?现在看,办法有两种:一种是安徽的'责任田',一种是中央的十二条、六十条,以生产队为核算单位。实践证明,按中央的办法做不会走回头路,按'责任田'办法做要走回头路,而且后果很坏,会把农民引向单干的道路,发展下去会两极分化,出现高利贷。"针对一些同志的不同意见,他又说:"昨天,我和王光宇同志谈了一下改'责任田'的问题,他开始说,'责任田'和基本核算单位下放到生产队没有矛盾,性质也是集体所有制。这也要弄清楚,到底有没有矛盾。""在北京时,改'责任田'问题曾经向刘少奇同志讲过,少奇同志说,要走回头路,这是很明确的。"这里也透露出一点信息,在改"责任田"问题上,刘少奇曾向李葆华明确指出"责任田"问题是一个事关"走回头路"的问题,也就是方向、道路问题。同时我们感觉到,在这个问题上,王光宇能坚持原则,讲出自己的意见,应该说是很有见地的看法,但中央定了调子,就是翻不过来。李葆华的态度一直是很平和的,但他不得不执行上面的指示。

十一　改变"责任田"过程中引发的一场大争论

中央工作扩大会议之后,1962年3月,改组后的中央安徽省委抓紧起草关于改变"责任田"办法的决议。草稿形成后,送华东局负责人征求意见。文件原来写的是"改变",意思很清楚,允许试验,不让搞就改过来,把包工包产办法改变一下。可是,华东局有位候补书记说,"改变"两字不妥,应为"改正"。意思是从邪道上改到正道上来。后来通过的决议就叫作《中共安徽省委关于改正"责任田"办法的决议》。

李葆华和安徽省委对改变"责任田"办法,一直是比较谨慎、稳重的。当然,也有个别同志调子很高,对原安徽省委中积极推行"责任田"的负责同志作了不妥当的、过头的批判,说搞"责任田"是曾希圣在安徽的"最后一计,最坏一计"。有的地方还针对原来大力宣传的"责任田"十大优越性,生编硬造拼凑了所谓"责任田"十大罪状,一时广为传播。其实,事实早已得到证明,历史早已作出结论,搞"责任田"是符合实际、顺应民心的改革之举、富民之举。

《中共安徽省委关于改正"责任田"办法的决议》下达之后,进展很不顺利,遭到广大干部和社员的抵制与反对。有些基层组织和党员干部冒着很大的政治风险,上书党中央、毛主席,赞扬"责任田",不同意改掉"责任田"。围绕"责任田"的争论又凸显出来。中央一些领导同志和有关人员看到了"责任田"带来的新气象,也纷纷上书表示支持、保荐"责任田",甚至提出继续推行"责任田"。

1962年6月,中央政治局委员、国务院副总理李富春根据自己的亲见亲闻,写信给刘少奇、邓小平并中央书记处。信中说:"本月16日路经安徽滁县专区嘉山县管店公社,看了车站、邱郢两个生产队部分社员收麦,并同一些农民谈了话。他们反映今年麦收比去年好。他们说生活也比去年好了,没有浮肿病和逃荒的了,用他们的语言是'没有饿病了'。……这两个生产队,土地都已分到户,由户包产,责任到田。问了几个农民,都说实行包产到户好,积极性比过去高了。"

1962年7月,华东局农办副主任董家邦到安徽来安县大余郢大队进行调查。他写的调查报告说:"这个地方是抗战时期有名的骆腾云互助组的所在地。全大队19个生产队,去年有15个生产队实行'责任田',队队超产。4个队包产到组,有两个队减了产。……今年改正'责任田',有3个队坚持不改,1个队把'责任田'改为包产到组,这4个队的作物生长都公认比去年好,而15个实行集体生产的队,同去年相比,有的好些,有的就差些。当前,留恋'责任田'是普遍的,有的老农说,'十个里头有九个'。"在作了一些分析之后,他说:"在已经实行了'责任田'的地方,目前可不必急于改变。""'责任田'会不会导致资本主义前途,我们认为……可能性是不存在的。"

1962年7月2日,中央书记处开会讨论了包产到户问题。在这次会议上,邓小平说:"在农民生活困难的地方,可以采取各种办法,安徽省的同志说:'不管黑猫黄猫,能逮住老鼠就是好猫。'这话有一定的道理,'责任田'是新生事物,可以再试试看。"7月7日,邓小平在接见出席中国共青团三届七中全会全体同志时所作的题为《怎样恢复农业生产》的讲话中说:"生产关系究竟以什么形式为最好,恐怕要采取这样一种态度,就是哪种形式在哪个地方能够比较容易、比较快地恢复和发展农业生产,就采取哪种形式;群众愿意采取哪种形式,就应该采取哪种形式,不合法的使它合法起来。"实际上就是主张继续实行和推广"责任田",话已经讲得十分明确了。

这里还要说到邓子恢。他不仅富有农村工作经验,熟悉农民与农村,而且敢于坚持原则,敢于直言,不怕挨批,不怕丢乌纱帽。他一直很关心安徽"责任田"的试行情况。据中央农村工作部老同志张其瑞的回忆材料,1962年"五月间,根据邓老的建议,由中央农村工作部副部长王观澜同志带我到……安徽省调查。我们选择了以稻田为主,收获较早,上年已实行'责任田'的当涂县,进行了调查……调查结果,上年增产增收,当年早稻又普遍丰收。我还总结了这种实行'五统一'的包工包产到户'责任田'的许多好处"。"六月间,邓老要我再次去安徽调查。上次去江南,他要求再去淮北。于是六月二十七日,由我带一个调查组到宿县符离集区。这个区的区委全体同志曾上书毛主席,陈述实行'责任田'好处……宿县是以种玉米、高粱为主的地区,调查结果和当涂县一样,上年增产增收,当年庄稼长势很好,丰收在望,群众普遍满意"。张其瑞两次调查,都向邓老作了汇报,他在宿县调查后写出了《关于实行包产到户的"责任田"的调查报告》。报告中说:"群众突出的要求是'责任田'不改,连过去年年增产的王楼大队(过去没有搞'责任田')也要实行包产到户。原因一是'责任田'增产显著,超产归己,所以群众认为'责任田'越干劲越大,一辈子不要变;干部则认为,'责任田'是农业生产的最好出路。二是实行'责任田'解决了经营管理中最难解决的评工记分的问题,所以基层干部说'责任田'是万能的,社员干部解放了,生产可以当家做主。"邓子恢对张其瑞的报告很感兴趣,有的还转报给了中央。邓子恢到处作报告，讲包产到户的优越性和必要性。特别是在毛主席于7月8日明确表示了他对"包产到户"的反对态度之后，秉性耿直的邓子恢7月17日又当面向毛主席陈述实行包产到户的意见。他说："从安徽的当涂和宿县的情况来看，'责任田'能做到'五统一'（即主要生产资料、生产计划、劳动力、分配、上缴任务统一于集体），不是单干。'责任田'实际上是一种联产计酬的生产责任制，有强大的生命力，广大农民不愿改变。"但毛主席还是没有采纳他的意见。

在这期间，安徽省委也收到许多人民来信，肯定"责任田"没有错，成效大，要求继续实行。向中央和毛主席上书的也有，影响大的有：一是钱让能写的《关于保荐"责任田"的报告》。钱让能是太湖县委宣传部副部长，当过生产队长、大队书记，对农村情况很熟悉。他在报告中说，"责任田"迄今一年多的实践证明，尽管有人责难它"糟了""错了"，然而广大农民群众总认为是"好了""对头了"。"我在推行这一工作的过程中，农民群众的那股劲头是我十多年来（除土改外）的第一次见闻"。"六一年是太湖人民在精神上、物质上的一个新的根本性的转折。'逃、荒、饿、病、死'，一瞬间基本变成熟（荒地变成了熟地）、回（外流回归了）、饱（人民基本上吃饱了，部分地区还吃得较好而有余）、健（体质健康了，有病的也不多了）、生（妇女怀孕的多了）"。"据我们调查摸底，拥护'责任田'的起码占80％以上，甚至于占90％以上"。"坚定地站在人民群众这一边，这是一个马克思列宁主义者的根本立场问题"。这封信有材料、有观点，洋溢着满腔热情，而又说理透辟，富有理论性，洋洋洒洒一万余言。这封信写好后，他交给了太湖县委第一书记谷志瑞，谷志瑞对这份材料也很欣赏。他到合肥来参加省委召开的会议期间，利用晚上时间到他的老上级桂林栖家谈当前工作情况，并郑重其事地把钱让能写给中央的报告交给了桂林栖，桂林栖及时转交省委报到了中央。毛主席把它看作异端邪说，批交出席北戴河中央工作会议的同志展开批判。二是中共宿县符离集区委会全体同志致毛主席的信。符离集区委书记武念兹为人正直,工作扎实,积极推行"责任田",迅速扭转了困难局面。他不同意取消"责任田",要向中央反映基层的意见,在宿县地委书记孟亦奇的支持下,由区委张文彬执笔起草,马道魁修改,地委办公室庞振月加工,形成了一份很有说服力的保荐"责任田"的意见书。信中首先申明,"如实反映情况是每一个共产党员的光荣义务",因此,"决心向您倾吐肺腑之言"。他们认为:"一年来的实践证明,'责任田'办法确实是当前恢复和发展农业生产的一条较好的办法。""实行了以生产队为基本核算单位,克服了队与队之间的平均主义,调动了生产队的积极性,而推行了'责任田'办法,则比较彻底克服了社员与社员之间的平均主义,可以充分调动社员的积极性。"他们在信中还用大量材料进行了对比,说明新办法比老办法好,"责任田"有很多优越性,并且逐一从认识上澄清了对"责任田"的误解和疑虑。信中还引述了一些列宁的论述,具有一定的理论色彩。邓子恢对这封信很重视,但毛主席还是没有接纳。

这里还要讲到田家英,1962年"七千人大会"后,他在湖南农村调查贯彻执行"六十条"的情况和问题,得知一些地方的农民普遍要求包产到户。他又派人到安徽无为县了解推行"责任田"的情况,在大量事实面前,他改变了对"责任田"的看法,曾向中央领导同志和毛主席建议:有领导、有计划地推行包产到户。结果,在北戴河中央工作会议上也受到了毛主席的严厉批评。

正当全国上下、安徽各地干群纷纷热议"责任田"是非问题之时,安徽省委为了慎重对待改变"责任田"办法,在1962年7月20日,召集出席省人代会的部分劳动模范专门座谈了对"责任田"的看法。巢县劳动模范杨桂枝说:"实行'责任田'能多收粮食,去年实行'责任田'后,群众自己买工具,老老少少都参加劳动,做活讲究质量,圆田变方田,田埂都种了粮食,几年的田漏子也补好了,田底子也恢复了,有的群众甚至卖掉老母鸡多买肥料。"贵池县劳动模范罗光明反映:"现在群众对政府有四怕:一怕'责任田'马上收回;二怕搞大呼隆;三怕不自由;四怕基层干部作风不改。我看群众真正害怕的是大呼隆。"宿县劳动模范黄景堂说:"三八公社实行'责任田'的101个生产队,今年夏收前改掉70个生产队,现在未改的队到外地买肥料追施秋秋,改掉的生产队偷偷地把肥料搞到自留地里。"萧县劳动模范张长明说:"'责任田'办法能使群众多上肥,这两年上肥不断增多,再过两年,把地力恢复了再改'责任田',对生产有好处。"考虑到各方面的反映和意见,当时安徽省委明确表示:"改正'责任田'要慎重,要尊重群众的意见,群众不愿意的不要强扭,不追求数字,不强迫命令。"

十二　北戴河中央工作会议和党的八届十中全会狠批"三股风"与"责任田"的夭折

1962年7月25日到8月24日,在北戴河召开了中央工作会议,主要内容就是制定《关于巩固人民公社集体经济,发展农业生产的决定》和《农村人民公社工作条例修正案》,这也就必然会涉及包产到户的问题。我当时作为安徽省委的工作人员也到了北戴河。时时听到会上传来批判包产到户的信息。8月6日下午,毛泽东着重讲了关于阶级、形势和矛盾问题,实际上也就是这次会议的指导思想。同时会议还成立了中心小组,邓子恢也参与其中,目的是把讨论引向深入。在这次中央工作会议上,毛泽东连续多次集中火力批判了邓子恢鼓吹包产到户,用词十分严厉,说他是属于没有社会主义革命精神准备的人,对社会主义不感兴趣。对曾希圣则说他是"代表富裕中农利益",一句带过,有轻轻放下之意。

这里还要介绍一个具体情节。就是在中央工作会议期间,安徽省委要向中央写一个关于改正"责任田"的报告。5月、6

月、7月,正当对"责任田"议论纷纷的时候,大家听到不少肯定和保荐"责任田"的意见和看法。但按照中央定的调子,"责任田"方向有问题,必须改正。实际上广大农民不愿改过来,而要求继续搞。所以,这个报告很难写,改过来改过去,都很难自圆其说。在修改过程中,传来一个声音,上海市委书记陈丕显对安徽省委负责人说,对"责任田"要实事求是,不能一棍子打死。话虽只有一句,但意思很明显,不要一味抹黑,功过要讲实,要具体分析。在那样一种形势下,在那样一个特定环境中,敢于这样讲是很不容易的。我们动手写报告的人感触很深,心领神会,至今都还记得很清楚。

北戴河中央工作会议之后,紧接着又在北京举行了党的八届十中全会。先开了一场预备会,9月24日到27日正式举行十中全会。十中全会按照北戴河中央工作会议的调子,强调要狠批"三股歪风",就是"黑暗风""翻案风""单干风",把在一定范围内存在的阶级斗争扩大化和绝对化,提出阶级斗争要年年讲、月月讲、天天讲。在大抓两个阶级、两条道路斗争的指导思想之下,"责任田"也就很难逃脱夭折的厄运。曾希圣在八届十中全会上被迫作了检查。其后,随着批判"单干风"的火力不断升级,涉及的干部越来越多,曾希圣多次向中央表示:"'责任田'是我提出来的,也是根据我的意见推行的,一切由我个人负责,与别的同志没有关系。"他想以此来保护安徽一大批干部,他的这种勇于承担责任的精神也是值得称道的。

在党的八届十中全会之后,安徽省委于10月12日召开会议传达贯彻全会精神,强调指出那"三股歪风""在安徽也是存在的,特别是'单干风'最为严重"。会议通过了《关于坚决贯彻执行中央〈关于进一步巩固人民公社集体经济、发展农业生产的决定〉的决议》,特别指出:"这个决定对安徽更有特殊意义,它为我们顺利地改正'责任田'……提供了有力的武器。"并要求各地"必须按照六十条的规定,有领导有步骤地把它改正过来,彻底纠正'单干风'"。接着,全省又分三片举办了由区、社干部一万多人参加的改正"责任田"训练班,然后以他们为骨干,组成工作队,到广大农村大张旗鼓地强制改变"责任田",回到老办法。在全党狠抓两个阶级、两条道路斗争的风暴中,"责任田"这个新生事物受到了致命的打击,最终被取缔。但是,这个农村改革的产物、这个广大农民的创举,经过两年的探索和实践,以它强大的优越性和生命力深深地扎根于广大农民心中,等待着春风送暖的时候,再次实现"春风吹又生"。

十三　对"责任田"的理论分析与理论概括

安徽省委和曾希圣在倡导和推行"责任田"的过程中,因为要说明它的合理性和必要性,要面对各种责难和非议,还要给广大干部群众释疑解惑,所以,在注重研究"责任田"的具体做法的同时,也很重视从理论上进行探索,从理论和实践的结合上把它说清楚。当时,在这方面也取得了很好的进展。虽然在当时的语境下,有些话不便充分展开,往往欲言又止,或者点到为止,但应该说在涉及的一些基本问题上,打破了"左"的框框,很有新意,在探索农村改革上迈出了重要的一步。这方面的成果,主要表现在以下几点:

一是阐明了"责任田"是社会主义集体经济的一种生产管理办法,不违背社会主义原则,而且有利于发挥社会主义集体经济的优越性。这是因为:这个办法没有改变基本生产资料的集体所有制性质,土地、耕畜、大农具仍然是集体所有的;它也没有改变按劳分配的原则,多劳多产才能多得,包产部分除交售国家外,仍归集体经济组织统一分配;从劳动方式上讲,大农活统一做,小农活分户做,都是为了完成总的包产任务而进行的劳作,都是集体生产的组成部分;它也不会造成两极分化,不会出现"穷的穷,富的富;帮的帮,雇的雇"。劳力多、劳力强的户会多得工分、多得超产粮,但还是有一定限度的;至于劳力少、劳力弱的困难户,他们不仅可以承包到一定数量的"责任田",还能得到队里的一些照顾,"责任田"办法上都作了明确规定,所以,他们的生活还是有保障的,而且是能够逐步得到改善的。结论就是安徽省委在总结"责任田"办法的报告中所说的:"这个办法是符合社会主义原则的,是适合当前生产力的发展水平和群众的觉悟水平的。只要正确实施,就能发挥组织和推动生产的积极作用。"

二是阐明了耕地所有权与使用权的联系与区别,使用权的承包与责任。农民承包耕地使用权并承担包产任务,不影响也不改变耕地的集体所有权。由曾希圣亲自主持写成的《关于试行田间管理责任制加奖励办法的报告》,明确指出:"田间管理责任制加奖励的办法,只是社会主义集体经济的一种管理方法,它并没有改变生产资料的所有制,土地、耕畜、大农具仍然是集体所有的。""社员对田间管理责任田只有操作权,没有所有权,正如工厂的机器、部队的武器固定给一定专人管理使用一样,这只会增加他们的爱护心理,不会增加他们的私有观念。"这里所说的"操作权"实际上就是使用权,而且强调使用权的相对固定,会增强使用者的爱护心和责任感,对耕地更加精心侍弄,培植地力。

三是阐明了所有制与责任制的关系,强调责任制在生产管理中的极端重要性,没有责任制就不可能把生产搞好。曾希圣在提出搞"责任田"时就开宗明义地指出:"任何生产都要有责任制,不管什么工厂,不管哪个生产单位,都要有责任制……没有责任制,工作就搞不好。""我们提出这个办法,就是为了解决包工包产的责任制问题。"他又指出:"这个办法中心问题是加强责任制","这个包工包产办法,不是靠空想的、主观主义想的,而是在研究过去包工包产的基础上提出的,是经过试验提出来的。……主要是责任制严格了。""这个办法和工厂中实行的定额管理、超额奖励,大体上相同。例如,我们同合肥矿山机械厂对比了一下,这个厂也是把生产任务分配到每一个车间,车间又把任务分配到每一个机床。通常一台机床由三个人操作,分三班生产。超产奖励,谁超谁得。这与'定产到田'不同的是,他们奖现金,公社奖粮食。"

四是阐明了发挥集体经济优越性必须与调动农民个人积极性结合起来,前者是基础,后者是动力,而"责任田"正是把集体经济优越性与农民个人积极性统一起来的结合点。曾希圣说:"'责任田'这个办法的好处,主要是把包工和包产结合起来,把集体负责和个人负责结合起来。"他还说:"就以定产到田、责任到人来说,它只是为了使包产更加落实,使包产任务的完成更有保证。"过去是"包产一捆柴,队长一人挑",社员不知道自己负有什么责任。现在"定产到田、责任到人,社员都能知道自己对包产所应负的责任"。"现在是人人有责,千斤担子众人挑"。每个人完成了自己的包产任务,生产队的总包产也就得到了落实。这就是说,集体经济的实现形式,过去比较空泛,责任集中在队长一人身上,现在逐丘定产、人人承担包产部分的责任,集体经济的担子由众人来挑,社员个人的积极性能得到充分发挥,完成集体经济的各项任务就有了可靠的保证,集体经济的优越性也才能体现出来。

五是阐明了民主原则与物质利益原则在搞好生产管理中的重要作用。定产到田、责任到人,不仅使农民有了一定的生产自主权,而且与自身物质利益直接挂钩,带来的是农民的主动性、积极性与责任心的增强,农村经济的迅速恢复与发展。曾希圣在许多讲话中提到:"高级社的包工包产办法,有什么问题没有解决的呢?一是责任不明。过去高级社的包产,只是队里干部操心,社员没有什么责任。社员只是关心工分,不关心产量。二是社员干活只争分工,不讲质量。""责任田"办法的好处,"第一是能充分调动社员积极性,加强责任心,做到各尽所能,人人有责"。"第二,能更好地贯彻'按劳分配,多劳多得'的原则……谁能提高产量,谁就能多得粮食,多得报酬,就能多吃超产粮。……这样就能加强社员的责任心,努力提高劳动效率,保证农活质量"。这些道理,就是说实行"责任田",社员有了一定的生产自主权,也可以说是实行了经济民主,大家的责任心和主动性就增强了。超产多得多吃正是体现了社会主义的物质利益原则,如果光讲集体主义风格而不关心人们的物质利益,那么这种集体经济就不可能正常运作,其优越性也不会显现出来。我们说"责任田"办法是农业生产管理体制上的重大改革和突破,最根本的就表现在广大农民在生产和分配上都有了一定的自主权,茬口自行决定,农活自行安排,劳动成果与劳动收益直接挂钩,超产归己确保兑现。这样,农民不仅成了社会的主人,也成了支配生产的主人,必然表现出高度的责任心与积极性,把田种好管好。

六是阐明了大集体与小自由,集体生产与个体劳作的辩证关系。曾希圣反复说明:"个人和集体总是有点矛盾的,如果说个体与集体没有一点矛盾,那么辩证法就有点问题了。""责任田"的办法"并没有改变集体劳动方式,这不仅表现在大农活是统一做的,而且小农活也是为了完成总的包产任务而进行劳作的,所以仍然是集体生产的一个组成部分。这种生产的集体性与劳作的个别性,在任何社会主义的生产单位中都是存在的"。曾希圣在总结过去工作中的经验教训时还说:"在大集体下必须要有小自由,在集体所有制下还需要有部分个人所有制。"过去认为集体经济就要实行集体劳动,因此往往搞大兵团作战,搞上工吹哨一齐上,下工吹哨搞评工记分,实际上是绑在一起干,出工不出力,造成劳动力的很大浪费。再就是光讲大集体、不讲小自由,并且追求集体越大越好,集体越纯越好,连自留地、家庭副业也失去了存在与发展的空间。"责任田"办法强调大集体与小自由、集体生产与个体劳作的统一与结合，对于解放农村生产力起了重要的作用。

当然，考虑到那个年代特定的环境，特定的思想政治氛围，不可能用鲜明的批判性语言来揭示旧体制的弊端和用新的理论概念来说明新办法的好处，但由于推行"责任田"实际上带来了一场大辩论，曾希圣作为主持安徽这场大变革的领导人不能不为新办法说明其成立的理由，不能不有针对性地步步深入阐明其基本观点，从而在农村改革的理论上留下了宝贵的精神财富。

这里需要进一步回答的一个问题是，近年来有人在研究农村改革时，提出了所谓体制外的改革和体制内的改革，认为搞"责任田""包产到户"等都是体制内的改革，只有大包干办法才是体制外的改革。而所谓体制内的改革，就是不能算作真正的改革，只是一种改进、改良而已。这种看法是不能成立的，它低估了"责任田""包产到户"的重大变革意义。就人民公社的体制来说，初起时并未定型，有以社核算的，大多是以生产大队核算的。毛泽东原来强调的是"一大二公"，后来发觉人民公社管理体制上问题很多，因此他主持制定《人民公社工作条例（六十条）》，后来又不断探索解决两个平均主义（即社员与社员、队与队之间的平均主义），最后确定以生产队为基本核算单位，这就是所谓"三级所有，队为基础"。这是毛泽东在农村人民公社体制上有所改变的底线，绝不允许逾越这条底线。而实行了"责任田"办法，名义上还处在人民公社体制的框架内，实际上农户已成为基本生产管理单位，大大突出了农户的作用。农民有了生产自主权，而且真正可以多劳多得、多产多分。由生产队为基础到由农户为基础就是一个很大的突破。其实"责任田"办法同现在的家庭联产承包责任制基本上是一致的、一脉相承的。应该肯定，"责任田"是农村改革的伟大实践，是对农业生产经营管理体制的重大突破。

十四　结束语

　　时光荏苒,岁月匆匆。50多年,弹指一挥间。现在,立足现实,回忆往事,畅想未来,我深深感到:历史的经验值得重视,因为它是党的领导和人民智慧的结晶,是继往开来的重要法宝。
　　从"责任田"的酝酿、提出、形成到推广,我们可以看到这是坚持党的群众路线,一心一意为群众谋利解困,尊重群众的首创精神,善于把群众中分散的经验和做法集中起来,使之系统化、政策化,再回到群众中去实施、丰富和发展,更好地为群众谋取福祉的生动实践。从曾希圣和安徽省委形成"责任田"办法和在推行中的实践来看,在坚持党的群众路线方面,明显地体现出这样几个特点:一是坚持以广大人民的根本利益为出发点和落脚点,并根据这个要求来制定具体政策措施,对过去的做法进行取舍,在实践中形成改革农业生产管理体制的实施方案,突出了农业生产管理中的民主原则(社员的生产自主权)和物质利益原则(多劳多得,多超多吃),从而获得了群众的衷心拥护。二是广泛听取各方面群众的意见,集中群众的智慧。先是在农村广泛调查,发现问题,研究办法;后又专门召开劳模座谈会,从他们的切身感受和反映的难点,思考怎样完善农业生产责任制。在有了大体框架之后,又拿到实践中去试点,看是否可行,看有什么需要修正和补充,使之逐步完善。在这个过程中,体现了从群众中来到群众中去的反复过程,实践、认识、再实践、再认识的反复过程。三是对于群众的创造和经验,善于集中概括,去粗取精,扬长避短。大家知道,在合作化时期,由于缺乏经验,生产管理上就出现许多问题,特别是在公社化过程中,由于片面强调"一大二公",过于倾向集中统一的管理,生产秩序既死又乱,社员积极性受到严重挫伤。在一些地方,群众自发搞起了包产到户,大部分被批判和取缔,只有极少数坚持了下来。他们的实践经验是十分宝贵和值得重视的。领导者的责任是不仅要重视它,而且要充实、提高、发展它。曾希圣在给毛主席的一封信中就说道,搞"责任田"实际上就是包产到户的办法。但我们并不是一成不变地采纳这个办法。最主要的就表现在强调"五统一",即大农活和技术性农活统一、用水统一、抗灾统一、计划统一、分配统一。这个"五统一"的实质,就是把发挥集体经济的优越性与发挥社员个人的积极性结合起来,以取得更好的成效。这也体现了农村生产管理上要善于把"分"和"统"很好地结合起来,把它们各自的作用发挥好,形成更强大的合力。四是在推行"责任田"的过程中,安徽省委一再强调就一个公社、大队、生产队来说,是实行老办法还是新办法(责任田),都由社员决定,大家同意就干,看不准可以等一等,不赞成就不搞。当时有两个县向省委提出不打算搞"责任田",省委明确表示同意他们自行决定。可事实上,在"责任田"的优越性面前,许多地方都后悔搞晚了。到1961年底,全省已有91.1%的生产队实行了"责任田",正所谓民心所向,势不可挡。这也说明,推行改革,主要不是靠行政措施,而是靠典型示范,发挥榜样的带动作用。

"责任田"的形成,并且能以坚定的态度加以推行,也是坚持党的实事求是的思想路线,坚信实践是检验真理的标准的重要成果。显而易见,"责任田"办法的提出,不是病急乱投医的表现,而是在深入调查研究中,看清了人民公社管理体制的弊端,勇敢地加以突破的产物,是实践出真知的结晶。正是实践第一的观点,一切交由实践检验的思想,为推行"责任田"这场改革增添了信心和力量。曾希圣和安徽省委平地一声春雷,大力推行"责任田",打破旧框框,一时舆论哗然,受到了来自四面八方的怀疑和指责,压力之大是可以想见的。在这种举步维艰的情况下,之所以能够挺过来,坚持下来,党的实事求是的原则和实践检验真理的思想,起了十分重要的支撑作用。在广州中央工作会议期间,针对各种怀疑和指责,曾希圣在1961年3月20日就"责任田"问题给毛主席写了一封信,明确讲道:"从上述这些试点来看,情况是好的,增产的可能性是很大的。在干部和社员中绝大多数人都认为这个办法能够增产。当然,今后是否会出现新的问题,现在还不能完全预料,需要在实践中继续摸索,才能最后作出结论。"

曾希圣在广州中央工作会议结束之后,于1961年3月28日回到合肥,当晚就召开了省委常委会议,传达广州会议精神,在谈到试行"责任田"问题时,他明确指出:"这个办法,现在看来能调动群众的积极性,能够增产,我们就今年试验一年,如果实践证明是好的就继续搞,实践证明不好,以后不搞就是了。"这里强调的还是由实践来验证其成功与否,而后决定取舍。

1961年4月23日,曾希圣在地、市县委书记会议上专门讲了关于包工包产责任制问题,针对有些人害怕变来变去不好办,他就包产包工办法的变与不变,明确指出:"是不是要变,这要依据实际效果来决定,我们现在不能肯定。如果这个办法确实能调动积极性,增加生产,不仅不会变,还可能成为一个推广的先进经验;如果在试行中证明这种办法不能增产,不利于社会主义,那就不能不变。""如果变了对群众有利,保证群众是会欢迎的，这是一条基本原则。"这就进一步说明，一个办法、一项举措的是非成败，要看它是否能增加生产，是否对群众有利，是否对社会主义有利。这个"三有利"的标准和实践标准是相互联系、不可分割的。

在上述报告中，讲到加强领导，及时总结经验时，曾希圣更进一步指出："这个包工包产办法，还是初次试行，到底如何，还要由实践检验，我们是个'算账派'，到秋后看。"实践检验的结果表明，"责任田"是可行的，这场改革是成功的，人民群众是赞同的、高兴的。虽然实践已作出了验证，但在"左"风日盛的情况下，它还是不断受到怀疑、指责和否定。

就曾希圣和安徽省委来说，正因为看到了"责任田"由实践来检验的情况是令人鼓舞的，它有利于社员增产增收，有利于国家克服困难，有利于社会主义大业，因此也就增强了信心和决心，心里更有了底气。所以，当毛泽东在无锡太湖问他：有了以生产队为基本核心单位，是否还要搞"责任田"？并提出，生产开始恢复了，是否把这个办法变回来的时候，曾希圣壮着胆子回答说：群众刚刚尝到甜头，是否让群众再搞一段时间？曾希圣看到"责任田"给安徽人民带来了很大的好处，它的巨大能量刚刚发挥出来，潜力还大得很，实在舍不得把它抛弃，不甘心让这种改革昙花一现。因此，安徽省委还在继续推行、巩固和完善"责任田"。可见其决心之大、信心之足，一心希望"责任田"在广大农村社会主义建设中发挥更大作用。

以上这些都说明，实践是检验真理的标准的思想，始终支撑着曾希圣和安徽省委坚定不移地推行"责任田"，在一片指责声中不动摇，在被批判时也不随风倒，从中可见实践标准的巨大威力。

我们还要进一步看到，"责任田"是冲破"左"的框框和禁锢的创举，同时，又在实践中进一步认清了"左"的危害，从而开始清理"左"的思想影响。只有认真从思想上清理和消除形形色色"左"的思想影响,才能端正农村工作的指导思想,为推行、巩固和完善"责任田"提供有力的思想保证。可以说,"责任田"是认识到了"左"的严重危害之后,用实际行动来纠"左"的产物。

有人说曾希圣是在陷入严重困境中才被迫搞"责任田"的。当年,灾难深重在全国具有普遍性,大家都在寻找突围的办法,千方百计走出困境。但在一个省的范围内,有领导、有方案、有步骤地推行与"左"的农村管理体制不同的具有突破性意义的"责任田"办法,可以说只有安徽。就其发展过程来看,酝酿、提出、推行"责任田",绝不是一时心血来潮,也不完全是被动应付,而是面对日益严重的"左"的顽症投下的一剂良方,是从人民公社化给农村带来的惨痛教训中引发出来的改革举措。人民公社化以后农村暴露出日益严重的问题,农村经济濒临破产,亟须寻求走出困境的良策。面对这样严峻的形势,曾希圣和安徽省委一方面深感痛心,深深自责,痛感责任重大;另一方面痛定思痛,决心改弦易辙,"左"后纠"左",针对人民公社体制中的种种弊端进行大胆的改革,开拓一条新的路径。这体现了他的胆量,敢闯敢试,敢于第一个吃螃蟹,打破"左"的禁锢,解放农村生产力。不怕风险,不怕围攻,不怕"戴帽子""打棍子",一往无前,抓住不放。同时也体现了他的胆识,对农村生产管理体制问题具有真知灼见,抓住了农业生产中的症结所在,对实行包产到户的必要性和迫切性有着深刻的、独到的见解。正是这样的有胆有识,曾希圣和安徽省委才能下决心推行"责任田",任凭风狂雨骤,坚定地一抓到底。

从曾希圣和安徽省委推行"责任田"的全过程来看,在初期,他们痛感犯了"左"的错误,初步认识到人民公社那一套"左"的管理体制再也不能搞了。因此,敢冒天下之大不韪,用包产到户来消除原有管理体制的痼疾。这个时候,主要是用实际行动来纠"左"。在稍后一段时间,在总结检查安徽那几年工作的严重错误和严重后果的过程中,进一步认清了"左"的错误的根源和危害性。不仅有了这样的认识,而且敢于当面向毛泽东坦陈这个看法,这就是曾希圣在蚌埠火车上向毛泽东所说:农村的问题是"左"而不是右。可以说,那个时候没有任何人向毛泽东提出这个看法,这是极有胆识的表现。

再者,就是进一步从思想理论上清理"左"的根源、表现、危害以及改正的办法。曾希圣在安徽省委召开的三级干部会议上总结经验教训,集中检查了工作中一系列"左"的错误,着重从四个方面说明了"左"的错误的广泛性和严重性。第一,报告开宗明义就指出,这几年工作上的毛病主要就是"把农村中存在的'左'估计为右"。第二,有关农民问题的许多糊涂思想长期没有得到澄清。第三,对社会主义与资本主义的界限认识不清。第四,对正确与错误的界限认识不清。

我们知道,在1961年虽然不少人已深感"左"的危害,但在党的会议上明确指出"左"的错误是主要的,并加以剖析,要求切实纠正,还是少有的,确实是难能可贵的,这需要极大的勇气。

事实早已证明,体制上的一套错误东西,是"左"的思想盛行的产物,只有敢于纠"左",才能迈开改革的步伐。改革的实践与清理"左"的思想是互相关联、互相促进的。"左"害不除,改革就不可能搞下去。安徽推行"责任田"的创举和其后"责任田"的夭折,充分证明了这一点。所以说,只有坚持清理"左"的思想影响,才能端正农村工作的指导思想,才能在改革大道上迈开坚定的步伐。曾希圣和安徽省委推行"责任田"的实践和对自身错误的反思,对"左"的思想所作的剖析,倡导从思想理论上加以澄清和纠正,这在我们党为纠正"左"的错误所作努力的史册中,留下了一份珍贵的史料。

鉴古是为了知今,重温历史经验是为了资政治国,回顾过去是为了继续前进。现在,我们正站在新的历史起点上,在中国特色社会主义理论体系的指引下,推进改革开放,强化公平正义,促使各项建设持续健康地发展,夺取中国特色社会主义事业的新胜利。当年推行"责任田"所坚持的深入调查研究,尊重人民首创精神,一切从群众利益出发,勇于在实践中冲破"左"的框框,开拓前进,面临重重阻难与风险所显示出来的胆识和精神,都是值得我们记取的,都是我们宝贵的精神财富。

　　作为50多年前推行"责任田"的亲历者,"责任田"在安徽兴衰的见证人,我回首往事,历历在目,记忆犹新。客观、如实地把推行"责任田"的全过程记录下来,把丰富的经验教训梳理和整理出来,既是完成了自己的一份责任,也是为了留下一份准确的历史资料。让老人重温难以割舍的记忆,让年轻人了解我们走过的不平坦的道路和留下的种种经验教训,让后人记住前人的艰辛探索和创新精神。这样,也就了却了我的一个最大心愿。

附 录

关于定产到田、责任到人问题(草稿)①

(1961年3月8日)

一、为什么提出这个问题

1. 宿县一位老农的建议。宿县有一位老农,七十多岁,1960年他儿子生肺病,公社劝他进养老院,他不同意,向公社要了几亩地自己种。没有牛、没有犁,只靠一把锹,结果除口粮、种子外,还卖出一千八百斤粮食,向公社交了六十元钱。他向我们建议,最好把田包给社员种,不然社员混工,生产搞不好。

2. 全椒古河公社几个农民的要求。今年柯老(柯庆施,时任中共中央政治局委员,华东局第一书记)到安徽来,路经全椒,几位农民要求实行包产到田、责任到人。并且质问:为什么不相信我们?

---

① 这是由曾希圣拟出提纲,由安徽省委政治研究室有关工作人员写出初稿,又经曾希圣改定的有关推行"责任田"办法的第一个文件。这个文件主要是在合肥市郊蜀山公社南新庄生产队进行"责任田"试点的基础上形成的,同时也吸取了广大干部和群众的智慧与意见。

3. 劳动模范的意见。我们把这个问题提到劳模座谈会上讨论。七位劳模（他们有的担任公社党委书记,有的担任大队总支书记）,一个（曹满凡）积极主张实行这个办法,一个（杨桂芝）称赞这个办法,五个有顾虑,怕争先恐后,组长当不好,主张把生产队划小,包产到小队（十五个到二十个整劳动力划为一个小队）。但他们共同的意见是,这个办法能够增强社员的责任心,不是单干。

4. 试包的情况。为了把这个问题搞清楚,省委派了一个工作组到大蜀山公社井岗大队南新庄小队进行试包。结果群众十分拥护,粮食包产指标由原来的八万七千多斤增加到十万七千多斤,家家户户修盖厕所,起早摸晚忙生产。这个试点还未结束,周围的小队纷纷要求实行这个办法。方郢生产小队有四户农民要求搬到南新庄来住。

二、试包中的辩论

（一）在试包中,绝大多数群众积极拥护这个办法,但少数人有怀疑,怀疑的人提出以下八个问题：

1. 有人说：这样做是不是单干？大家认为不是单干。理由是：(1) 土地是集体所有,仅是责任到人；(2) 大活统一做,一般的活才分户去做；(3) 分配统一,不是谁打的粮食算谁的。

2. 有人说：这样做会形成"土地还原"。大家认为只要做法对头,就不会出现这种现象。做法是：(1) 田地按社员的劳动底分承包,这样就能做到公平合理；(2) 责任田根据便利管理的原则来划分,小队并能定期调整,这样就不会造成"土地还原"。

3. 有人说：这样做中农合算,贫农吃亏。经过细算账,事实并不是这样。如蜀山公社南新庄小队,共有八户中农,有一户已成为困难户,其余七户,人口占全队的百分之二十六点五,劳力占百分之二十七点六,承包田亩也占百分之二十七点六。这七户中,有三户在生产上不需要依靠别人,有四户还是要靠换工。在这七户中,家底一般和贫农、下中农差不多。所以,实行包产到田,大家都有利,并不是仅仅中农合算。

4.有人说:这样做困难户没有办法。大家认为困难户主要是劳动弱、技术差,甚至有的不能从事农业劳动,可以适当加以照顾,如组织他们搞副业(养猪、养家禽),做零活,把这部分力量很好利用起来。

5.有人说:这样做会发生瞒产。大家认为造成瞒产的原因有很多,不能说实行这种办法就会造成瞒产,问题是要加强教育,贯彻政策,实行全奖全赔,是可以避免瞒产的。

6.有人说:包产到田,责任到人,队、组干部只顾种自家的地,会放松领导。大家认为这样做,队组干部能少操空心,能摆脱催人上工、评工记分等事务,腾出时间参加生产,从生产中积累经验会更好地领导生产。

7.有人说:这样做遇到灾害不好办。大家认为只要规定实行抗灾统一,队、组合理安排劳动力和用水,按收益多少负担工分,就能更好地运用集体力量战胜灾害。

8.有人说:这样做会争好地,不要孬地。大家认为按土质、水利条件定产,以产记工,就不会争地。蜀山公社南新庄小队很有生产经验的老中农李泽开就自愿包孬田,他说:干得好增产更大。

(二)拥护的人,提出以下十大好处:

1.人人有责,大家都动脑筋想办法增加生产;

2.所有能够参加劳动的人都用上了;

3.人人都会努力学习生产技术;

4.自留地和大田在用肥方面能够统筹兼顾;

5.社员能够更好地安排自己的劳动时间和休息时间;

6.对耕牛、农具更加爱护;

7.能够保证农活质量,不窝工,不出废活;

8.能够治住那些投机取巧的人;

9.户户都会更好地培养丰产田,并且能够更好地做到精收细打，颗粒不丢；

10. 能够更快地发展养猪、养家禽，以及其他家庭副业。

三、如何防止可能出现的缺点

在争论中，一致认为：好处是主要的，缺点虽然有，但是可以防止的。这里需要注意的是以下几个问题：

（一）要防止各顾各，主要办法是：

1. 使牛、用水以及其他容易发生争先恐后现象的农活，要发动大家讨论，定出解决办法，大家遵守。

2. 实行小组包产与个人包产相结合的办法。如因小组对病人和技术差的人帮助不够而没有达到包产指标的由小组负责赔产。

3. 经常加强社会主义教育，并要每十天开一次生活会，进行批评和自我批评。

（二）要照顾困难户，主要办法是：

1. 搞副业（如养猪、养家禽、编织、缝洗等）。对搞副业的人也可以实行包工包产的办法。超过包产任务的，年终经社员评议，还可由小组从购后余粮中给一些奖励粮。

2. 做零活（砍草、拾粪、带小孩、放牛，看管鸡、猪糟蹋庄稼等）。零活由小组统一安排，实行按件记工。

3. 这样做生活还有困难的，再由公益金中补助。

（三）防止瞒产，主要办法是：

1. 实行超产全奖，减产全赔。

2. 收打时，以小组为单位设场，分户轮流打场，过秤入仓。

四、包产办法

（一）先"三包""四固定"到组（十五户左右划为一个组），然后再实行包产到田，责任到人。

（二）实行"五统一"，即

1. 计划统一（生产指标和主要作物安排）；

2. 分配统一；

3. 不便分散的农活统一（使牛、育秧、用场）；

4. 用水统一；

5. 抗灾统一。

(三)在"五统一"的原则下，采取以下具体做法：

1. 定产。根据土质、水利条件，按照社员的底分（不合理的要重新评定，未评的要补评）分包到户，田埂随田走。包产一年一包。耕地一般一年不动，劳力有增有减时，应在秋后进行合理调整。

2. 定工。根据耕作难易，按亩按作物定工，以工除产，以产记工。以工除产，就是按每亩定工数除每亩包产数得出每一个工应生产的产量。以产记工，就是在作物收获后按实交的产量计算工分。例如一亩田包产粮食六百斤，定工三十个，每个工应生产二十斤，在农作物收获后，每交二十斤粮食就记一个劳动日。因为土质、水利条件不同，就是在用工相等的情况下，条件好的产量高，条件差的产量低。因此，条件好的应多交产，条件差的应少交产，例如条件好的交二十斤粮食记一个劳动日，条件差的交十五斤记一个劳动日。究竟以多少斤粮食算一个工，应根据每丘田的具体情况确定。

3. 耕牛。固定到组，专人喂养，专人使用，养用合一。耕牛的包耕亩数应根据耕牛的体力强弱确定。喂养的工分由生产小组包给，饲草饲料按包耕的田亩合理分担，使牛的工分采取换工的办法解决。

4. 大型农具。犁、耙、耖、耩跟牛走，水车、船、大车专人保管，由小组统一掌握使用。

5. 肥料。社员家庭积聚的肥料自积自用。集体所有的肥料按亩分摊到户，商品肥按作物需要分配。

6. 种子。分户选，分户打包，集体保管。

7. 育秧。统一泡种，老农指导，分户管理。

8. 用场。以组为单位设场，分户打场，过秤入仓。

9. 超产全奖,减产全赔。超产部分百分之五十奖粮,百分之五十奖钱。包经济作物和搞副业生产的社员,搞得好的,可从超产粮中奖给他们一部分作口粮。

五、包产到田、责任到人是一个新办法,各地在推行中,可能会出现一些新的问题,希望你们要随时注意检查和总结,并报告省委。

(原载《曾希圣文选》,人民出版社 2008 年版)

关于"责任田"问题给毛主席的一封信[①]

（1961年3月20日）

主席并少奇、恩来、小平、彭真、庆施同志：

关于"定产到田、责任到人"的办法，有些同志有误解，所以再做一些说明。

群众所提的逐丘定产、逐丘定工，按劳动力的强弱承包一定数量的田亩，再以工除产，得出每个劳动日的产量，以产量来计算工分，这实际上就是"包产到户"的办法。但我们并不是一成不变地采纳这个办法。

我们承认群众所提的这个包产办法，有它的好处，也有它的坏处。好、坏两面，我在小组发言中已讲过，这里再简单地重

---

① 1961年3月，中央在广州召开工作会议。曾希圣向毛泽东汇报了"责任田"的试点情况和初步效果，毛泽东表示可以试行。不几天有人给毛泽东转去对"责任田"持不同意见的人民来信，毛泽东又交代"责任田"在小范围试验。曾希圣为了澄清误解，在3月20日给毛泽东写了一封信，进一步说明"责任田"办法，分析其利弊，以及用"五统一"来防止可能出现的问题，并详细介绍各地试点情况，从中可以看到增产的可能性是很大的。这封信已刊登在1992年第4期《党的文献》上。

述一下：

好处是：改变了计算工分只讲数量、不讲质量的缺点，堵塞了投机讨巧的空子（逐丘定产、逐丘定工与厂矿企业中的产品定额和劳动定额相类似）。因此，能更好地体现多劳多得的政策；能提高每个社员对包产的责任心和生产积极性，从而改变过去对包产只是生产队干部关心或包办而社员不甚关心或完全处在被动的情况。

坏处是：可能发生"各顾各"的危险，有些农活可能出现争先恐后的现象，自私自利的思想可能发展，困难户的困难可能得不到解决等。我们的做法，并不是单纯接受部分群众的要求，而不顾可能发生的危险，而是吸取它的好处，又规定办法防止它的坏处，所以特别强调了"五统一"。我在上次小组发言中对"五统一"没有多做解释，有些同志的误会可能是由此产生的。为了避免冗长，现在就"五统一"中两个最重要的统一说明一下。

第一个是分配统一。这就是说，生产队产出来的各种产品，应按照包产任务，上交给大队，由大队统一分配，这与以往的分配办法完全一样，根本没有变更所有制问题。

第二个是大农活和技术性农活统一。以水稻为例，就是犁耙、泡种、育秧、插秧和割稻、打场等统一，这些工都是以集体劳动来做的，只有剩下的田间管理工，实行责任到人，分散劳动。这与分段包工、季节包工以及高级社时田间管理包工到户的做法是基本相同的，并没有改变公社时期的劳作方式。所不同者有二：①现在把田间管理包工到户，搞得好的有专门奖励。②这种奖励是根据产量来定的。具体做法是：先逐丘定产、逐丘定工，在定工中将大农活与零散农活（即田间管理）分别算清，譬如种一亩水稻需要二十工，大农活和田间管理约各占一半，就把这部分田间管理工总包到户，超产部分即按各占一半的比例，分别奖给集体做活的人和负责田间管理的人。所以这个包产办法不是人们所理解的"包产到户",实际上是田间管理包工到户,再按产量给奖的办法,也可以说是集体农活与零散农活相结合的包产办法。我们估计这个办法既不会有单干思想,又可以提高个人生产积极性。困难户则由于有分配统一、大农活统一,所处环境仍和过去一样。

从现在已经包好的几个试点来看,这个包产办法的确有许多好处,看得比较明显的有这样几点:

1. 包产比较落实。包产时都先由群众组成的评议小组逐丘定产,然后和每个社员商量确定,正式订立合同。这样包产,工作做得细致,指标比较实在。

2. 包产指标增加。据几个试点统计,包产指标均有所提高。如宣城县先进公社里桃小队,原包产九万一千七百五十斤,现包产十一万一千九百三十五斤,增加百分之二十二。肥东县三十里埠公社马岗小队原包产七万四千斤,现包产七万九千斤,增加百分之六点八。合肥市蜀山公社侯井小队原包亩产三百四十斤,现包亩产三百六十斤,提高百分之五点九,这个队超产潜力较大。全椒县古河公社西刘小队,原包亩产二百三十斤,现包亩产二百六十八斤,提高百分之十六点五。据社员与干部谈心,在这个包产基础上均有产可超,并估计可能超产百分之十左右。

3. 出勤率大大提高。先进公社里桃小队以前出勤人数只占百分之五十五左右,现在几乎达百分之百。誓节公社牌坊生产队有整半劳力一百二十四人,近来出工的达一百五十人,不少辅助劳力和以前不做农活的人也上了阵。

4. 参加农业生产的人增多。里桃小队有外流人员,迁居城镇的人以及超龄学生十人自动回家生产;牌坊生产队也有十个在外劳力回到本队。

5. 麦田管理有显著加强。试点地方,麦田追肥和锄草都搞得比较好,牲畜家禽糟蹋庄稼的现象已大为减少。

6. 男女老少积极积肥。蜀山公社南新庄小队原来只有三把屎刮子,已两三年没有用,现在大多数社员都添置了粪箕和屎刮子,积肥数量大大增加。

7. 积极修添农具。园林公社谢岗小队社员自动找出木料做了四张犁,做到一牛一犁。誓节公社牌坊生产队社员清出过去丢失和私藏起来的农具共五十六件。

8. 搞私有的减少。有些社员原来只顾种自留地,积的肥也不愿交队,有的甚至丢了农业搞投机。现在认为超产可以多得,把功夫和肥料使用在责任田里,态度有很大改变。

从上述这些试点来看,情况是好的,增产的可能性是很大的。在干部和社员中,绝大多数人都认为这个办法能够增产。当然,今后是否会出现新的问题,现在还不能完全预料,需要在实践中继续摸索,才能最后作出结论。

曾希圣
1961 年 3 月 20 日

(原载《曾希圣文选》,人民出版社 2008 年版)

关于宿县褚兰公社老农刘庆兰思想情况的了解材料

农村在推行包产到队、定产到田、责任到人的办法以后,社员的积极性大大地调动了。但是这样一来,资本主义思想是否将会因此抬头,社员是否会只顾自己不顾集体,社会主义集体事业将会由此受到破坏呢?对这个问题,最近我们又访问了宿县褚兰公社光华大队的老农刘庆兰。现在把他的谈话以及通过干部、社员了解的情况整理如下:

一、刘庆兰为什么要上山开荒

刘庆兰今年63岁,贫农成分,家中有儿有孙,共16口人。他在50年前跟过蔡锷等军官当过8年的兵,社会阅历较广。他说:"我这人经历了三个朝代——清朝、民国、新中国,还当过日本的亡国奴,啥滋味都尝过,知道只有共产党掌天下,才有庄稼人、穷人过的日子。"解放后,他很积极,1951年被选为村里农会会长。以后他为什么又离家上山开荒呢?经了解,他除曾一度和村里干部、社员、家庭关系处得不好以外,主要还有以下两个原因:

（一）他很能干，感到土地不够自己种的。他原有20亩好地，1952年土改时又分得5亩好地，他身体很强壮，又能干，仍感土地不够种的，又找村干部要了土改时村里留下未分的4亩机动地种。还感不足，他自己又去替地主种了3亩，当时地主买点"礼物"送给他，用小恩小惠收买他。社员、干部以及他儿子、妻子都对他有意见，说他走地主路线，后来他自己也很懊恼。到1954年组织初级社时，他家因地少仍收入不太多，他想地的心仍然很盛，他看到在离他家1里多路的虎山上有一片无人管的荒地，草长得很深，他认为可以开起来种庄稼，从而产生了上山开荒的念头。

（二）老农刘庆兰不仅能干，做小农活也特别好。1954年上山开了二亩多荒地种上了棉花、豇豆等作物。由于他管理得好，第一年就取得了很好的收成。当时成立农业合作社，由于生产责任制没有健全，干活大呼隆，有的人混工，效率不高，他很看不惯，更坚定了他上山、靠山、吃山的决心。于是在1958年他就在山上又盖了屋，垒了院子，继续扩大开荒面积。到目前他已经开垦了17亩山荒地了。

二、刘庆兰又为什么会将自己收入的绝大部分都主动地无代价地交给公家

刘庆兰上山时，只带了一把抓钩、一个铁杈、一把锄头。经过几年的辛勤劳动，到1957年年底，他已开起了七八亩荒地，种上了庄稼，生活已能自给有余。到1958年，他二儿子在工厂因患重病不能劳动，为减轻公家负担，他把这个儿子也带上山来，一边看病，一边作他的助手（现在他儿子的病已经好了）。由于他精耕细作，年年季季都获得很好的收成，不但自己的日子越过越好，同时对国家和集体的贡献也越来越大。1958年已开荒地10亩，收入粮食2134斤（包括花生），除扣留口粮和种子1400多斤外，余下的734斤交给小队（芋干350斤，秫秫120斤，豆子124斤，花生140斤），另外卖菜收入17元，也交小队 12 元。1959 年开荒地 15 亩,收入粮食（花生在内）2400 斤,除口粮和种子外,交给大队 900 多斤,另外还有棉花 60 斤卖给合作社。1960 年开荒地 16 亩,收粮 3000 斤,除扣留 1500 多斤口粮和种子外,上交大队 1473 斤,棉花收 65 斤,卖给合作社 53 斤。另外还交给大队芝麻 17 斤,胡萝卜种 7 斤,秫秸 1000 斤,现金 60 元（卖瓜收入）,羊 1 只。今年他开起的荒地已有 17 亩,预计能收 3000 多斤。他还栽有桃、李、石榴、葡萄 500 多棵也都结果了（另外还栽其他杂树 1800 棵）。老农刘庆兰高兴地说:"看今年收成比过去更好,又能向公社多交点粮食。"据老农刘庆兰自己介绍,和在干部、社员中了解的情况是:几年来,他在山上的全部收入,除口粮、种子和盖屋,弄点家具、工具等少许的添置外,余下的都全部的、不要任何代价地交给了公社。一个普通农民为什么能够这样热爱集体呢？他和我们有这样一段谈话:

问:你每年向队里交些东西,可是队里给你规定了任务呢？

答:队里很关心我,他们从来也没分给我任务,我年纪大了,能自给就不错啦！我可不服老,特别五八年成立公社,又办食堂,又办幸福院,大家都入公社,东西交到社里,走社会主义道路。我在上山以前,有自己想单干的资本主义思想,上了地主的当,觉得怪对不起大家。心想这可不能再走错了路,食堂一办起来,我就把种的南瓜送去叫大家吃。秋后粮食收了也都送到队里。

问:你收的东西都全部上交,不留"后手",你可想到万一下年不收怎么办？

答:我没有这样想过,我只想开了这些地,只要种好管好,年成再孬也能收够吃的。再说上级对我很好,信任我。去年麦后,我种的麦少,接不上早秋,队里问我还差多少口粮,我说还差 50 斤,队里连 49 斤也没给,足足给 50 斤。你想咱还能去玩哄吗！再说,我把东西存在山上,孬人也会来偷抢的。

问:你向队里交这些东西,为啥也不要代价不要收据呢?

答:有国才有家,什么人都要穿衣吃饭,都不想交粮,干部、工人吃啥?国家也没法建设。再说,交给国家粮食是庄稼人应该做的,我这有吃有穿,还再要钱干啥?一开始向队里交东西,我连个条子也不要,后来怕这些东西有的被干部乱用了,才又要凭证。

问:近两年,社员有时生活不好,你为什么不给你的家送点?听说你和他们的关系不好,是真的吗?

答:开始几年是和家庭不大好,都是自己的孩子,还能老记着吗?1958年以后就好了。我收的东西为啥不给他们?他们都有劳力,劳动分的东西不比人家少,别人都能过得去,他们也能过得去,我再给他们东西,他们生活比别人特殊也不对。就是我自己每天都定量吃的,一般一天不超过一斤半,我觉得这比别人好得太多了。再说,我这一个老头子考虑到他们一大家子,收的东西给这个儿不给那个儿也会闹意见。干脆都交给公家,多光荣。

从和他的说话以及通过干群所了解,他能够无私地把绝大部分收入,不私送给儿子,不私存山上,都主动地交给队里,除了有存在山上会被偷,与家庭关系不好不送回家去的原因外,还有以下几个方面:

1. 经过土地改革、互助组、合作社、人民公社等一系列的变化,他和其他农民一样,在思想上也发生了变化,个人想发家成为富农、地主的思想没有了。他多开荒是为了改善生活,并不想靠土地剥削别人,所以他今年又开了1亩荒地,队里想找地种花生,他就主动地送给队里了,并说:"我这十六七亩也够种了,谁种都是一样,只要能收东西就好。"

2. 由于队里对他的关怀和信任,他更加相信集体和靠近集体。在他有病的时候,队里拨给他粮和香油,过节的时候发给他的肉油和粮比别人还多一点,在他的口粮接不上来的时候,他说要多少（一般他也不多要）队里就给多少，从而减少了他一些不必要的顾虑。他很信任公社，说："公社就是家，有东西交到社里，比交给自己的子女还保险。"他又说："公社为啥信任咱，就是看咱老实，要是玩了哄，就会失去信用。"

3.解放以来，经过长时期的教育，觉悟提高了，认识了走社会主义的道路，是共同致富的道路，因而在他的心里有着关心集体、热爱集体的责任感和光荣感。他讲："过去在脑子里有过个人发家致富的资本主义思想，后又经上级和社里批评，特别是在人民公社以后，大家都走社会主义道路，我知道过去做错了。现在都是凭劳动吃饭，孩子也不靠我给他治家业，我自己以后老了，社里也不会叫我饿着，收了粮不交给队里交给谁？大家和上级都说我这样做得对，上级还在大会上表扬我，开会还经常找我，这多光荣，人都要好，谁还能再去做自私自利的事。"

宿县县委调查组
一九六一年五月二十五日

（原载《1961年推行责任田·宿县资料汇编》，黄山书社2011年版）

关于肥东等六县试行田间管理责任制加奖励办法的情况①

安徽省肥东、全椒、肥西、舒城、庐江、寿县等六个县,在全省从三月开始试行田间管理责任制加奖励办法的同时,也试行了这个办法。到七月份止,肥东县试行这个办法的生产队占全县生产队的34.7%,全椒县占48%,肥西县占99%,舒城县占8.6%,庐江县占77%,寿县占98%。这几个县都准备在秋收后进一步推行这个办法。

我们到上述六个县对田间管理责任制加奖励的办法进行了一般了解,并且在庐江县马厂公社附城大队郑屯生产队(实行田间管理责任制加奖励办法)和丁屯生产队(包产到队),肥东县长乐公社涧南大队路东生产队(实行田间管理责任制加奖励办法)和路西生产队(包产到队),组织社、队干部和社员座谈,实地察看农活情况和庄稼生长情况。在这些了解中,社、队干部对这个办法的反映一般良好,他们说在现在生产条件下,

---

① 这份材料是当时的国家粮食部副部长周康民写的。

这个办法是一个好办法,对鼓舞社员的生产积极性、增产粮食很有好处。有的干部说:"今年的旱灾比1958年和1959年还大,但群众情绪安定,生产积极性很高,要不是贯彻执行了中央的十二条和六十条,以及省里试行的田间管理责任制加奖励办法,是不可能的。"只有少数社、队干部对实行这个办法还有一些思想顾虑。据庐江县金牛区委书记钟荣辉同志反映,这个区的多数社、队干部感到"五统一"不容易统一起来;大小农活不容易分清楚,粮食管理缺乏群众监督,不容易管好;包产到队,从高级社开始搞,基层干部有了一套经验,实行这个办法,大家没有经验,怕管不起来。这个县的同大区委张书记说:"我们的体会,在现在的生产水平下,'五统一'执行得好,新办法(田间管理责任制加奖励办法)比老办法(包产到队)好,如果执行得不好就有问题。"

社员群众普遍拥护这个办法,特别是劳动力强、会干技术农活的社员积极性很高。如肥东县长乐公社涧南大队路西生产队社员王汝权说:"包责任田好,个个都有责任,大家比着干,你干,我比你干得还好。"庐江县马厂公社附城大队丁屯生产队社员丁子中说:"包给我几亩责任田,减了产,就是拿自留地的粮食赔产我也干。"全椒县还有社员说:"实行责任田算是摸透了我们的心,这个办法一定是会种庄稼的人想出来的。"因此,已经实行了这个办法的生产队,社员要求继续实行,只是怕"变";没有实行的生产队,社员要求实行。只有少数劳动力弱的困难户和不会技术农活的社员有些顾虑,他们怕生产搞不好而赔产。如庐江县马厂公社附城大队丁屯生产队社员束仁昌说:"新办法好是好,我就是没有技术,怕包责任田不中。"社员丁家珍也说:"我家主要劳力不在家,包不包责任田我随便。"

通过这些了解,我们感觉到凡是社、队干部,特别是生产队干部能力强,责任心强,做事公正,而且将新办法向社员宣传解释得深透,真正按省委的规定办事,实行新办法的生产队,与包产到队的生产队比起来，农民群众的积极性要高一些，生产要好一些，干部的心情也要舒畅一些。

现在以路东生产队与路西生产队为例，这两个生产队同在一个自然村（即始朱村），只是一路之隔，一在路之东，一在路之西。从两个队的生产条件来看，水利条件相同，都是电灌站灌溉，土地质量路西队还要好些。路西队149亩土地都是质量好的假白土和黑泥土，路东队134亩土地只有24亩黑泥土，其余110亩是质量差的蒜瓣土和梳子土。耕牛条件，路西队有力牛4头，每头负担37.25亩；路东队只有力牛3头，每头要负担44.66亩。劳力条件，路西队30个整半劳力，每个劳动力负担4.96亩；路东队有34个整半劳力，每个劳力负担3.94亩。总的看来，两个生产队的生产条件基本相同，路西队还要稍好一点，因此路西队往年的生产一直比路东好，今年也不算太坏，但是与路东队比较起来，却要差得多了。路东队今年午季粮食作物每亩产量112斤，路西队只有100斤，即少12斤；路东队全年粮食作物每亩产量245斤，路西队只有195斤，即少50斤；路东队全年粮食作物每亩平均产量339斤，路西队只有264斤，即少75斤。从全年总产量来看，路东队预计可收36344斤，路西队只能收34792斤，路西队田亩比路东队多15亩，粮食产量反而少1552斤。从总产量与包产比较来看，路东队预计总产量比原来包产35310斤增产1034斤，路西队则比包产47833斤减产13041斤。因而，路东队除1户由于对责任田有怀疑，没有好好生产而减产外，其余22户都超产，得了超产粮，人人喜气洋洋。路西队的社员则无超产粮可得，又看到过去比他们差的路东队社员得到了超产粮，因而当前心情动荡不定，一心只想改行责任田的办法。

从这两个生产队的比较可以看出：只要认真实行田间管理责任制加奖励办法，在当前生产水平和口粮消费水平比较低的情况下，是有很大好处的，概括起来有以下几条：

第一,激发农民群众的生产积极性,发挥辅助劳动力的作用,提高出勤率和劳动效率。路东队在实行这个办法以后,社员的积极性普遍高涨,以前劳动比较好的更加起早带晚地干,过去不爱劳动的也爱劳动了。如社员赵业清,以前一年四季不在家,不是跑到他的儿子(在当涂县做木匠)那里住几个月,就是到他的女儿(在合肥纱厂工作)家里住几个月,两头跑,实行"责任田"以后,他哪也不去了,积极地生产。他一个人今年承包"责任田"1.52亩,所得的超产粮和做大农活分的超产粮共有60多斤。这个队的中小学生,以前回家不参加生产,现在一回家就到各户所承包的"责任田"劳动。如17岁的中学生吴英德,以前回家别人叫他劳动,他说:"我的户口不在家,又不吃你的饭,我不干。"现在一回家就干活。路西队的情况不一样,干部派工很困难,生产队长朱保年说:"上工难叫得很。"如路西队社员王汝权,家里8个人,6个劳动力,经常只有4个人出工,另外两个就是不出工。路西队的学生回家也不干活,社员吴昌鸣说:"我一个14岁的女儿,一个8岁的小孩,现在包产到队,我不好派用场。"另外还有两个中学生牛忠远、朱保成,回家后也不生产,就是参加生产也是替他们的母亲上工。

路东生产队由于社员生产积极性的提高,劳动出勤率也大大提高了,全队34个劳力,以往经常有五六个在外头跑,不参加生产,现在不仅不外出,而且连辅助劳力在内经常出勤38至40人。路西生产队不仅辅助劳力不出工,就是30个整半劳力也经常有四五个不出工。从两个队今年1至8月与去年同期所做的工分比较来看,路东生产队今年共做了36780个工分,去年同期共做了26253个工分,即提高了40.10%;路西队今年共做了28753个工分,去年同期共做21859个工分,即提高了31.54%。两个队比较,路东队多提高了8.56%。劳动工效也提高了,以栽中稻为例,路东队70亩中稻,16个人从5月26日到6月3日止9天时间就栽完了,平均每个劳动日栽4分田。

路西队87.7亩中稻,18个人从5月24日到6月16日止24天才栽完,平均每个劳动日只栽2分田。从农事季节来看,路东队抢先了13天;从工效看,路东队比路西队提高了1倍。

第二,鼓舞了农民群众积肥的积极性,解决了大田和自留地用肥的矛盾。路东队实行了这个办法以后,社员为了多增产粮食,千方百计地积肥。如社员张道炎,今年59岁,他家承包了10.22亩"责任田",积肥的积极性很高,他说:"往年是不出工的,包'责任田'以后,我看到牛屎来不及拾就用手捧。"在四月天气还冷的时候,他在塘里捞水草捞了100多担,还到施口花10元钱买了45斤化肥,全部上到"责任田"里去了。另外,他今年还挖了两个土窖沤肥。社员荚恒耀说:"今年我打了200多担水草,四月天打水草,水淹齐脖子,冻得说不出话来。要是包产到队,我才不费这个劲。"此外,他还到小贺、路西、小丁、西王等包产到队的小队庄子拾了50担人畜粪,也都上到责任田里了。路西队社员积肥的劲头差得多,只从村后面两口堰塘就可以看出来。路东队一口约40亩,路西队一口约8亩,在40亩水塘里根草不见,8亩水塘的水草现在还是长得满满实实的。到路东队的村子里,干干净净;路西队的村子里,则看到一堆堆的肥土、畜粪。因此,路东队134亩田今年普遍上了底肥还追了一交肥,路西队的110亩水田,只有60亩上了底肥,还有50亩水田和39亩旱地没有上底肥,所有149亩田地都没有追肥。自留地施的肥,路西队则比路东队多,路东队的自留地、十边地等平均每亩施肥6.8担,路西队平均每亩施肥11.8担,即多5担。

第三,田间管理加强了,农活质量提高了。路东队实行这个办法以后,社员对田间管理很认真,基本上做到田无缺苗,地无杂草。如社员张道炎说:"过去秧田薅草,草不飘;现在薅草,草都飘到水面来了。"副大队长张为福包的1.15亩山芋,社员张为金包的1.6亩山芋,都被电灌站灌进来的水淹了。他们自动地用水车车干。社员对农活质量也很认真,如张为金的妻子,别人替她栽秧栽得不好,她自己拔了重栽。在午季麦田管理时,有一天下大雨,麦田需要排水,路东队家家户户冒雨去排,路西队两个队长叫人叫不动,你挨我,我挨你,有的社员还说:"这些田尽是我的?就不是他们的?这么大的雨,他们不去,我也不去。"结果只有两个队长去干。对庄稼的看管,两个队的社员态度也各不相同。路东队张为才看到别的公社社员偷他承包的"责任田"里的花生,马上追到交给大队处理;路西队社员王汝权,看到别人偷他们生产队种的花生,当时他不抓,回来叫干部去抓,结果人跑了。

第四,社员更好地安排农活和家务劳动。实行这个办法以后,社员可以根据农活的多少,需要多干一会就多干一会,可以少干一会就少干一会;下田要早可以早,要晚可以晚。特别是分散做饭以后,实行这个办法,社员感到更方便一些。如路西队社员朱亚泉说:"有的人家有老人烧饭,有的要自己烧饭,不能一齐出工。实行'责任田'以后,能早就早,能晚就晚。"同时,社员能够自己支配时间,更好地安排家务,妇女们也有时间做针线活了。如路东队的张为福,去年只穿一双鞋,今年又穿一双,家里还存两双。路西队队长朱保年(女),家里7个人,有两个人会做鞋,全家人在过春节时一人一双鞋,现在都没有鞋穿。

第五,干部减少了事务,能够更多地参加生产。包产到队,生产队的干部要天天派工,天天评工记分,参加生产的时间少。实行"责任田"以后,除了一定时期的大农活以外,小农活不要派工,也不要评工记分,能够腾出更多的时间参加生产。路东队4个干部,今年1至8月份实做工分6208个,每人平均1552个工分。路西队3个干部,今年1至8月份共得工分4612个,每人平均1537个工分,但其中1/4是补贴工分,不是参加生产取得的。同时,路东队的干部还有更多的时间全面考虑农活安排,3个队长每人直接领导一个作业组,除边收边耕,及早做好秋种准备工作以外，还考虑到长期发展生产计划，准备每一个作业组买一头耕牛（现在已经买了一头），以解决耕牛不足问题，提高复种指数。

田间管理责任制加奖励的办法为什么会表现出上述好处，激发农民的生产积极性？根据了解的情况，体会到这个办法把集体的责任和个人的责任结合起来，使责任到人，用社员的话来说："千斤担子众人挑"，去掉了互相依赖的心理，因而一家男女老少，只要还能劳动的都参加劳动，进一步发挥了农村劳动力的潜在力量；同时，增产减产与每个人的利益更加直接地联系在一起，而且增产减产除自然的因素以外，全靠自己的努力，因而千方百计地多积肥施肥，把田管得更好，这就更好地调动了农民的生产积极性。

由于这个办法是一个新的办法，开始试行才几个月，各地的干部条件又不一样，目前在少数地区还执行得不够好，出现了一些问题。概括起来有以下几点：

第一，"五统一"（计划统一，分配统一，大农活统一，用水管水统一，抗灾统一）没有很好地执行。据六安地委书记赵子厚同志汇报，目前"五统一"执行得好的生产队占50%，执行得不好的占40%～50%。寿县县委第一书记冯林同志汇报，"五统一"执行得好的占30%，一般的占40%，不好的占30%。肥东县委第一书记杨友之同志汇报，"五统一"执行得不好的占10%。"五统一"执行得不好的生产队，主要是大农活派工很困难，其次是少数社员改变作物的计划，抗旱用水发生争执。

安徽省委明确规定，大农活由生产队和作业组按照自然条件、历史习惯和生产需要，做出合理的安排，包工到组。凡是认真执行省委这一规定的生产队，大农活派工都比较顺利，社员之间也很团结。例如，肥东县长乐公社涧南大队路东生产队，由生产队和作业组统一派工，并且规定大小农活按比例（如四六开）分超产粮，大农活做得多，可以多得超产粮。这个队有3

户包产赔了产,但分得大农活超产粮以后,有两户还是得了超产粮,只有一户赔产。因此,社员也愿做大农活。庐江县马厂公社附城大队郑屯生产队将能够出大农活工的劳动力排好名单,依次轮流出工,大农活工很好派。凡是没有认真执行省委这一规定的生产队,大农活就抓不起来,特别是有的生产队,如寿县杨公公社的一些生产队,在开始包工时就把大农活工(除抗旱外)包到户了,到谁家做工,由谁出工分,生产队和作业组没有统一掌握。这样,大农活就无法统一派工了,必然出现社员各顾各,在使用耕牛、大农具等上争先恐后,如寿县堰口公社校东生产队社员侯敬余与王世其争牛夺犁,一个扛犁,一个拉牛,互不相让,闹了半天,经大队长亲自处理,让侯先犁,他从下午一直犁到第二天太阳出来,累得耕牛爬都爬不动了。

省委规定作物计划要统一安排,但是有些"五统一"没有抓起来的生产队,有的社员为了追求高产,好多吃超产粮,擅自改变品种。如庐江县金牛公社有的社员将早稻改栽中稻,因为天旱中稻又没有栽下去,结果减了产。

有的生产队用水管水没有统一起来,社员之间发生争执,如寿县枸杞公社前桥大队自包责任田以来,因争水吵架的有20多起。社员刘生付包的4亩上水田,不仅灌上了栽秧水,还灌满了塘沟,而另外一户16亩下水田,因为没有水,全部未栽。

第二,社员不愿意交产。安徽省规定,实行"三统两分",即统一割、统一送、以作业组或生产队为单位统一设场,分户脱粒、分户过秤。这样做,既利于及时收打,又能防止瞒产,保证交足产量。但有的生产队没有认真执行这一规定,庐江县金牛区委书记钟荣辉同志反映,有些生产队的社员却单收、单运、单独设场、单独脱粒,结果社员把粮食挑到自己家里去了,不愿意交产。如这个区的黄道公社岗头大队第一生产队的社员丁长青,欠170斤麦子不交,并且说:"我午季少交,秋季多交,保证全年交足。"新河公社刘墩大队第三生产队的社员刘老头,自收自打,把粮食挑到自己家里去了,干部要他交产,他就和干部吵闹。有些生产队的社员甚至偷粮食,这个县的马厂公社附城大队,午季粮食减产了,有70%~80%的户偷粮。社员反映,承包责任田,你偷你的,只要不偷我的,我不管。实行这个办法以后,如果干部不负责任,奖赔政策又宣传得不深透,不认真执行"三统两分",不很好地实行群众监督,粮食的漏洞是不小的。

第三,对困难户照顾不够。安徽省委明确规定了对困难户照顾的办法,除大农活统一做以外,要给困难户包近田、包好田;党员、团员、干部和积极分子,对困难户实行分户帮助;对不能包"责任田"的困难户,要优先安排他们搞一些力所能及的副业和零活;如果收入过少,不能维持生活的,经民主评定,还可以从公益金中给予补贴,从救济款中给予救济。凡是认真执行了省委这一规定的生产队,困难户都安排得很好,如肥东县长乐公社涧南大队路东生产队,对3户困难户由3个作业组包下来,并且订立了"双保"合同,优先给困难户做农活,超产归困难户得,减产由作业组赔产。寿县杨庙公社也以作业组为单位把困难户包下来,并且规定,公社对困难户掌握到生产队,大队对困难户掌握到户,经常进行检查,发现问题马上同生产队研究解决。这样做,困难户对党和政府十分感激,如杨庙公社东岗大队大章营生产队困难户田五松(妇女)说:"我带两个小孩,要不是政府照顾,我连饭都吃不上。"有些生产队没有认真执行省委的规定,对困难户缺乏照顾。如舒城县石岗公社付墩大队何庄生产队社员何业德自承包"责任田"以后,就生了病,只有爱人和60多岁的父亲,承包的24亩责任田有9.2亩未栽,已经栽的14.8亩田,草多苗差,老头子说:"我爷媳二人打水不混,耕了这块田,荒了那块田,只好靠天收。"有些困难户因为劳力弱或者不会干技术活,生产队和作业组没有统一安排,就到处求人,甚至请客吃饭、抽烟。如寿县青连公社十字路大队十字路生产队困难户徐告新两次请8个人车水,为买酒弄菜花了24

元,吃了26斤麦面。

　　第四,劳力增减,"责任田"没有进行调整,生产出现忙闲不均的现象。如寿县九龙公社孤堆、路东、九龙等3个大队,在承包"责任田"以后,增加了85人,同一时期减少了38人,但"责任田"没有调整,出现了户与户之间生产忙闲不均的现象。九龙大队塘南生产队社员王方甫夫妻二人承包"责任田"14.4亩,6月其妻病故,"责任田"没有调整,因此空地3亩未种,4亩黄豆锄不过来,草荒严重。路东大队酒坊生产队魏多利原承包7亩"责任田",后来增加了一个劳动力,仍然包7亩田,活少人闲,经常搞投机贩卖。

　　上述问题的产生,关键在于基层干部。有些生产队的干部,认为实行这个办法以后,"千斤担子众人挑",自己的责任轻了,因而放松了领导。有的干部,特别是去冬今夏整风整社以后新选出来的一些干部,工作能力弱,没有经验,对"五统一"、"三统二分"等办法抓不起来。有的干部由于思想意识上的毛病,自己承包近田和好田,只顾自己生产,不负责任。这样,难免出现"五统一"统不起来,大农活工派不出去,社员不愿交产,对困难户照顾不够等问题。因此,当前的问题在于训练干部。安徽省委已经决定要各县在种麦前办训练班,通过总结工作,交流实行"责任田"的经验,提高对"责任田"的领导水平。寿县和肥东县目前正在召开三级干部会议,学习文件,总结经验,训练干部。只要干部把这个办法的精神和具体做法真正弄懂,思想端正,方法对头,再通过他们把这个办法向群众宣传解释得深透,特别是把"五统一"解释清楚,而且坚决执行,上面的问题是可以克服的。

1961年9月1日

(原载《1961年推行"责任田"纪实》,中国文史出版社1990年版)

中共宿县符离区委会全体同志致毛泽东主席的信

敬爱的毛主席(并抄报华东局负责同志):

中共安徽省委于1961年3月推行了"田间管理责任制加奖励"的办法,即"责任田"办法,一年来在生产上获得了很大成绩,深受广大群众的欢迎。但是今年3月份省委却又提出了改正"责任田"的决议,当我们听过以后,在思想上起了一些波动,背起了思想包袱。我们全体同志对这个决议,虽然作了多次学习和讨论,思想仍是不通。

我们都是共产党员,有了意见,不管正确与否,决不能放在心里不提。我们知道,如实反映情况是每一个共产党员的光荣义务,于是我们又重新学习党章,特别是听了传达扩大的中央工作会议精神之后,对我们有了很大启发和鼓舞,壮大了胆子,决心向您倾吐肺腑之言,恳请您或中央其他负责同志前来调查了解,弄清情况,予以解决。现将我们所见、所闻、所想的东西向您汇报一下。

我们认为"责任田"办法,在现阶段不仅不违背社会主义原则,而且简便易行,容易为广大农民群众所接受。它是与当前农业生产力水平、群众觉悟水平和干部管理水平相适应的。它可以充分发挥每个社员的生产积极性,又使每个社员的生活都有保障。实行了以生产队为基本核算单位,克服了队与队之间的平均主义,调动了生产积极性,而推行"责任田"办法,则比较彻底克服了社员与社员之间平均主义,可以充分调动社员的积极性。

一年来的实践证明,"责任田"办法确实是当前恢复和发展农业生产的一条较好的办法。现在我们从各个不同时期来看一下吧:解放以前,土地大部分掌握在地主手里,广大劳动人民没有地种,过着饥寒交迫的生活,严重地束缚了生产力的发展。自解放后,实行了土地改革,组织了互助组,生产力得到了很大的发展。但是由于劳动力的多少、牲畜的强弱、农具和土地的好坏,而逐渐趋向两极分化,有走回头路的危险。成立初级农业生产合作社以后,虽然较前有所改进,生产力得到进一步发展,但是仍按照半劳半股进行分配,仍有少量剥削,前途也有很大的危险。在成立高级社以后完全消灭了剥削,实现了生产资料的集体所有制,为生产力开辟了更加广阔的道路,但是在生产管理制度上实行一种烦琐、复杂、不易执行的"三包一奖"和评工记分的办法,出现了管理混乱、领导困难、评工记分麻烦的现象。社员反映说:"不怕干活一天,就怕评工半夜。"自人民公社化以来,仍没有好的办法,虽然推行了小段农活包工,但这个办法毛病百出,因为生产队的各项农活是千头万绪,千变万化,往往对所有农活虽然作了具体安排,但情况稍有变动各项计划都会落空。社员反映说:"实行小段包,农活天天不清,头天计划很好,第二天就成大呼隆。"同时又加自然灾害和"五风"的影响,致使农业生产受到很大的损失。自1961年3月推行了"责任田"办法后,由于这个办法简便易行,适合当前干部管理水平和群众觉悟水平,因而广大干部和社员生产积极性空前高涨。

在1961年中,我们虽受到数年未有的霜、旱、涝、虫等灾害,但粮食却获得了大丰收,不光是超额完成了粮食征购任务,同时口粮、种子、饲料都按标准落实了。同时95%以上的社员还得到不同数量的超产粮。我们认为去年生产取得了成绩固然是贯彻中央"十二条"、"六十条"的结果,但是"责任田"办法却也起到没法否认的巨大的积极作用。

我们并不否认集体生产(包产到队)的优越性,但是搞好集体生产的关键在于搞好评工记分,否则就会产生平均主义,不能调动社员的积极性。而评工记分则是一个比"三包一奖"更加烦琐的烦琐哲学,与当前干部的管理水平和农民的文化水平、觉悟水平极不适应,因此,往往吃力不讨好,干部累得不轻,生产却不能搞好。不如"责任田"办法简便易行,同时"责任田"办法是集体生产的一种形式。

现在谈谈我们和有些人对"责任田"办法认识上的分歧。

一、有人说:"责任田"办法是方向性的错误,有单干的危险。我们认为,"责任田"办法并没有改变社会主义生产关系的性质,并不违背社会主义原则。因为土地、牲畜、大型农具都属集体所有,产品统一分配,大农活统一干,人与人之间的关系是平等的关系,仅仅是劳动形式上有点不同,即是田间管理农活采取分散劳动的形式,这种形式是以手工劳动为基础的,怎么能说是"方向性"的错误呢?我们认为"责任田"办法是过渡到大规模现代化的农业的一个桥梁,通过它恢复和发展生产力,随着机械化程度的逐步提高再逐步改为集体劳动。我们认为也不会走上单干,因为我们有伟大的中国共产党正确的领导,只要采取一些必要的措施加以限制就决不会走上单干。同时所有制是集体的,分配是统一的,社员承包的"责任田"都是按照个人的劳动能力进行分担的。"责任田"也不是一成不变的,每年根据劳力增减,"责任田"随之调整,个别农民想走上单干也是不可能的。

二、有人说：实行"责任田"办法把产量包到户，前途会有很大危险。我们认为把产量包到户，不但前途没有什么危险，而且是责任制更具体化，它能够加强社员的责任心，从而保证粮食不断增产。举一个例子来说吧，在我们国家里，工厂、矿山的车间，实行以人定量，按件计资，超额奖励。这与包产到户有什么区别呢？我们符离农具厂生产镰刀，按任务每人每天五张，每盘炉三个人，每天十五张，超额一张奖励三角钱。这与"责任田"的产量包到户又有什么区别呢？如果说有危险，为什么工业这样搞没有危险，而农业这样搞就有危险了呢？我们认为大自然是农民的工厂，每块土地就是农民的车间，而产量到户也就等于工厂车间实行的责任制。

三、有人说：实行"责任田"办法后，有人超产过多，有人会减产，这就要趋向两极分化。我们认为实行"责任田"以后，社员包产以内的粮食属于集体，仅超产部分归社员所有。从这种现象的本质来看，也正是克服了社员和社员之间的平均主义，承认了差别，是完全符合各尽所能、按劳分配、多劳多得、不劳动者不得食的原则的。现在拿我们的工资制来说吧，有的每月十几元，有的几十元，还有的几百元，尤其工厂、矿山的技工，超出定额还要得到大量的奖励金，这样每月就能得到更多的收入，要比每月十元学徒工，就要高几十倍。难道说，这样也能趋向两极分化吗？如果这样不能趋向两极分化，那么社员在合理的包产后，多花了劳动代价，而多得点超产粮，多享受点生活资料，怎能说是趋向两极分化呢？就是个别减产户，只要找出原因，通过教育，保证口粮，也不至于发生什么问题。同时土地、大农具等生产资料都是集体所有，不准私人买卖土地，不准雇工剥削，群众手里有了钱粮只能在生活上好些，既不会也不可能成为不劳而食的剥削者。

四、有人说：六一年的丰收是整掉了"五风"和贯彻了"十二条"、"六十条"的结果，如果不实行"责任田"办法，情况可能更好些。我们不否认,通过整风和贯彻了"十二条"、"六十条",对生产是起了决定性的作用,但是我们认为"责任田"也起了一定的不可抹杀的积极作用。现在从以下的事实来看一下吧。在我们区的王娄公社有个杨庄生产队,这个生产队的生产自解放以来,尤其是高级社以来,粮食产量逐年增长,在全区全县都是拔尖的队,而和杨庄相距不到一华里的曹庄生产队,由于劳畜力和土地条件较差,自公社化以来,粮食产量一直没有增长。但是自六一年曹庄推行了"责任田"办法,充分发挥了人力、地力和物力,六一年总产达 19 万斤,平均亩产合 331 斤,比六〇年增加 15%,而杨庄没有实行"责任田"办法,结果六一年总产达 21.5 万斤,平均每亩 320 斤,比六〇年增长 4.9%,从增长幅度上看,杨庄则比曹庄低 10.1%,这样看来,能说杨庄没有进行整风整社吗?社员反映说:"我们这个队要实行'责任田',粮食比曹庄收的还要多呢!"再就芳寺和褚庄两个老大队来说吧,芳寺大队对"责任田"办法贯彻执行得早,社员思想稳定,生产情绪高,六一年的总产达 274.38 万斤,单产 125 斤,而褚庄大队对"责任田"办法执行较差(直到六一年八月份都没落实),因而粮食总产只达 164.12 万斤,单产 115 斤,比芳寺低 8.7%。而这两个大队土质条件和生产条件基本相同,同时褚庄的产量历年都高于芳寺,而今年低于芳寺了,这难道也能说这两个大队的整风和贯彻"十二条"、"六十条"不是同样进行的吗?从以上实际情况看,"责任田"办法还是正确的。我们知道实践是衡量真理的标准,在衡量政策是否正确时,就是要看这样的政策是否有利于生产,是否能解放和促进生产力的发展。

五、有人说:实行"责任田"办法,只能调动社员的个体积极性,不能调动集体积极性,今后集体活也不好干了。我们认为社员对个人利益的关心,即个体积极性,是客观存在,是抹杀不了的,是旧社会遗留下来的痕迹,我们社会主义社会,正是要利用社员这种对个人利益的关心,以发展生产。列宁说过:"对个人利益的关心,能够提高生产,我们无论如何首先要增加生产。"(《列宁全集》33卷39页,1953年版)我们现在积极贯彻的"按劳分配"原则不正是考虑到群众有个体积极性吗?我们认为"责任田"办法已经把个体积极性和集体积极性结合在一起了,因为社员生产出的绝大部分产品都交给集体,怎么能说没有集体积极性呢?再说实行"责任田"办法后,社员对各种农活都能灵活地进行安排,克服了以前等前俟后,一天不干半天活的窝工现象。劳动效率提高了,三天的活两天就干完了,更能抽出多余时间搞集体的活,如褚庄公社数年来由于大呼隆干活,挤不出时间,小桥失修,自实行"责任田"办法后,去冬今春就修了40多座大、中、小桥,这能说实行"责任田"办法集体活就搞不好吗?

六、有人说:实行"责任田"办法后,公共积累少了。我们认为不是少了而是多了。因为实行"责任田"办法后,社员积极了,产量提高了,公共积累也必然是多了。如周段大队(原来的老大队)在六〇年不但征购没有完成,而且种子、口粮、饲料都没有按标准留足,更没有什么机动粮。自推行"责任田"办法以来,不但超额完成了征购任务,还留足了种子、口粮、饲料。同时还有机动粮25万斤,平均每人100斤。褚庄公社杜山大队共有281户,1150人,自解放后一直是个落后队,尤其是自公社化以来,从未完成过包产任务,每年不仅不能完成征购任务,相反地,口粮、种子、饲料大部分都要国家供给。而自实行"责任田"办法不到一年,除超额完成征购任务,和留足口粮、种子、饲料外,还有机动粮达12万余斤,平均每人合100多斤,这能说实行"责任田"办法后集体就穷了吗?

七、有人说:实行"责任田"办法腐蚀了干部。我们认为实行"责任田"办法,干部劳动更加积极了,工作责任心更强了,干部和社员同样地承包了"责任田",同样地进行劳动,克服了以前东湖一趟、西湖一趟,光指挥不参加劳动的现象。现在的干部不光是把工作搞好了,同时自己承包的"责任田"也都超了产,如褚庄公社郭园生产队长耿吉海,自己承包了六亩地,六一年全年超产 900 多斤,同时这个队的工作也比以上数年来搞得都好,社员反映很好。这能说实行"责任田"就腐蚀了干部吗?

我们认为,有些人对"责任田"办法提出的非难,是没有经过更深入更全面调查了解,是脱离实际的。正如您在《实践论》中所说的:"无论何人要认识什么事物,除了同那个事物接触,即生活于(实践于)那个事物的环境中,是没有法子解决的。""不入虎穴,焉得虎子",我们怀着最大的期望,渴望您或派其他中央政治局负责同志到我们这个实行"责任田"办法的"虎穴"里探探"虎子"。

"责任田"是好是坏,不是随便说的,我们和我们这里群众都说"责任田"好,是有大量事实作见证的。自从实行"责任田"办法以来,生产上出现了一片欣欣向荣的景象,主要表现是:

一、社员自觉的积极性提高了,劳动出勤率提高了。七八岁的小孩和六七十岁的老年人都积极地参加了生产,如大秦公社周段生产队总人口是 224 人,其中整半劳力增加了 54％,顺河公社马场生产队社员王振华的小孩(名叫合理)今年才 11 岁,就天天跟着王振华去管理庄稼。

二、广大社员都对积肥重视了。原来无人管的厕所,现在都争着管了。原来没有人拾粪,现在都抢着拾了。原来没有厕所和粪坑的,现在都修了厕所,挖了粪池。原来没有人挖的沟泥,现在都积极地挖了,如黄山公社总耕地 8414 亩,去冬今春共追施肥料 5100 万斤,每亩平均达 6000 斤,超过了公社化三年来的总和。王娄公社梁套生产队社员陈王氏把填平了两年多的一个粪坑,现在又挖了出来。

三、青年社员积极地学习农业生产技术了,老农也都积极教他儿子、女儿学习技术了。如灵寺公社马山头生产队社员孙玉兰,自参加农业生产以来,有五年都未锄过高粱,今年他承包二亩高粱就主动地学习耨高粱的技术。褚庄公社褚南生产队社员马成协,亲自教他独生子马彦志耕地、耩地,并说:"要不实行'责任田',小孩长大也不会种地了。"

四、耕地面积扩大了,数年来未种到头、未种到边和无人种的荒地,都耕过来了,扩大了收益面积。

五、社员干活认真了,农活质量提高了。灵寺公社马山头生产队社员孙怀礼,自己承包了二亩红芋地,他不叫别人给他耕,自己天天利用早晚的时间用铁钗子刨,并说深翻土一寸,抵上一遍粪。灰古公社灰古大队社员赵应千自己承包的二亩高粱地就耪了七遍。

六、农具、牲畜增加了,社员更为爱护公共财产了。原来无人管理的农具,现在都争着管理了;原来缺少农具无人添置的,现在都自己拿钱去买了。因而不到一年时间,不但把损坏的农具全部进行了修理,同时还有很大的增加,基本满足了当前需要。褚庄公社褚南大队,原来只有十张犁子用,经过社员添置,基本上满足了需要。牲畜也有了显著的增加,全区现有6557头,比六〇年增加了1364头,其中从外地买来1017头,母畜繁殖347头。黄庄大队仅从六一年三月到六二年初就购了137头,比六〇年增加82.3%。同时有的社员还私自买牲畜,符离公社沈圩大队社员孙正耐用自己储蓄好几年的900元钱买了一头牛。

七、家畜家禽发展了。据统计,六一年实有猪4584头,比六〇年增长71.6%;羊10201头,比六〇年增长50.7%;鸡32083只,比六〇年增长145%。如褚庄公社三山大队共230户,就养猪345头,平均每户1.5头。

八、公共积累多了。如王娄公社曹庄大队曹西生产队共有64户,246人,在没有推行"责任田"办法时扣留的公共积累只达3000元,而在推行"责任田"办法后,扣留的公共积累就达3600元,即增加了20%。

总之,"责任田"办法可以增产,可以迅速恢复发展农业生产力。如果说它是个坏办法,为什么我们安徽这个"五风"破坏特别严重的省份恢复得这样快呢?这不值得调查调查研究研究的吗?

当然我们不能否认"责任田"办法在具体贯彻执行过程中也出现了一些问题,主要是"五统一"没有坚持好,个别地方的困难户照顾得不够好,但这是第二位的东西,是非本质、非主流的东西,是具体工作的缺点,只要我们注意解决是可以克服的。

"责任田"办法是不是一种退却呢?可能是的,但是正确的退却正是为了更好的进攻。苏共在1921年第十次代表大会决定用粮食税代替余粮收集制,从战时共产主义过渡到新经济政策,也是一种退却。联共(布)党史写道:"战时共产主义是用冲击手段,用正面进攻手段攻破城乡资本主义的尝试。在实行这种进攻时,党向前跑得更远,有脱离自己根据地的危险。列宁主张稍许后退一点,暂时退到更接近于自己的后方地方去,由冲击手段转到较为长期的包围敌人堡垒的方法,以便积蓄力量后,再去开始进攻。"您在我国的历次革命战争中不也是主张要有正确的退却吗?现在由大队核算改为生产队核算,手工业由全民所有制改为集体所有制,甚至允许个体手工业者私人开业不正是这样的退却吗?为什么农业经营管理制度不能退却一下呢?恳请您多花费些时间研究一下,这是一个关系到国计民生的大事。

再退一步讲,"责任田"办法即使犯了方向性的错误,为什么不可以在实践过程中加以考验,然后决定逐步淘汰呢?过早地下结论是容易犯主观主义的毛病的,我们完全相信党,相信群众,党是不会让农民走上错误的道路的,群众也不会不听党的话。请看列宁是怎样处理这种问题的吧!

列宁在十月革命后,仍然主张采用社会革命党人制订的土地法令和委托书。他说:"我们既是民主政府,就不能漠视下层人民群众的决议,即使这个决议我们并不同意。只要把这个决议运用到实际当中去,在各地实行起来,那时农民就会在生活烈火的考验中懂得,真理究竟在哪里。……生活是最好的教师,它会指明谁是正确的,就让农民从这一头,而我们从另一头来解决这个问题吧。生活会使我们双方在革命创造的总的巨流中,在制定新的国家形式的事业中接近起来的。我们应当跟随着生活前进,我们应当让人民群众享有发挥创造精神的充分自由。……我们相信农民群众会比我们更善于正确地适当地解决问题。至于究竟是按照我们的方式,还是按照社会革命党人纲领所规定的方式,并不是问题的实质。问题的实质在于使农民坚信农村中再不会有地主了。让农民自己去解决一切问题吧!让他们自己去安排自己的生活吧!"(《列宁全集》26卷239～240页)对于"责任田"办法,我们认为应当采取列宁的这种态度,不应该一下子把它扼杀掉,起码让它作一个"对立面",作一个"反面教员"也是好的。

敬爱的毛主席:

这个问题不是一般人所能够解决的,有些人因为怕自己犯右倾错误,对于"责任田"办法不敢作出正确的判断,请您或者派其他政治局负责同志来到我们这里考察吧!也许我们是错误的,我们愿意在您的教导下,在真理面前,在实践当中加以改正。恳请早日复信。

谨致
崇高革命敬礼

中共宿县符离区委会全体同志

(原载《1961年推行"责任田"纪实》,中国文史出版社1990年版)

关于保荐"责任田"办法的报告

主席：

根据太湖县一年多来实行"责任田"的结果，我想作一保荐，不过与省委六二年三月二十日关于改正"责任田"办法的决议，是相违背的。尽管如此，我总认为"责任田"的办法是农民的一个创举，是适应农村当前生产力发展的必然趋势，是"六十条"和以生产队为基本核算单位的重要补充。有了它，当前的农业生产就如鱼得水，锦上添花。

一

太湖是安庆专区的一个三类县，五八年到六〇年这段期间，生产力遭到巨大的破坏，有些地方遭到毁灭性的破坏。六〇年冬贯彻了中央一系列的政策，"五风"停止了，但人民群众奄奄一息。六一年三月，这里90%以上的地区推行了"责任田"（具体见安徽省委六一年七月二十四日给中央、主席、华东局的报告），真所谓它一出现，就以它的显著的生命力吸引了人们（包括邻县邻省边界地区）的广泛注意。迄今一年多的实践证明,尽管有人责难它"糟了""错了",然而广大农民群众总认为是"好了""对头了"。记得去年春,我在推行这一工作的过程中,农民群众的那股劲头是我十多年来(除土改外)的第一次见闻。

推行这一办法的结果,现在可以肯定地说,六一年是太湖人民在精神上、物资上的一个新的根本性的转折。荒、逃、饿、病、死,一瞬而基本变成熟(荒地变成了熟地)、回(外流回归了)、饱(人民基本上是吃饱了,有部分地区还吃得较好而有余)、健(体质健康了,有病的也不多了)、生(妇女怀孕了,江塘公社甘岭大队668人,六二年怀孕的就有60个妇女)。

三类的徐桥地区是太湖最差的区,桥西大队的农业生产,六一年与六〇年比较:粮食由11.4万斤,增至20.78万斤,增长82.3%(自留地不在内);油由278斤增加到1860斤,增长6倍半多;棉花由62斤增加到676斤,增加10倍多,生猪、家禽也是几倍地增长。当然六〇年的基数小,六一年的潜力大。然而六一年的困难与问题却比过去艰巨复杂得多。

1. 自然灾害。连续105天的干旱,最后还是风灾。

2. 牛力极缺。全大队665亩土地,27头耕牛,既瘦且小,其中10头牛是打一鞭才走一步的。

3. 农具缺乏。特别是大型农具,如水车、禾桶等,几乎坏完了。

4. 各种种子都差。由外地运来的尽是些杂种。

5. 肥料缺乏。尽是白田,没有草子。

6. 田底子差。五八年以来的"五风",结果:大田变成了小田,方田变成了圆田,长田变成了短田,无边无拐的变成了有边有拐的,同时又有部分田下了盐,底子更差。

7. 没有猪种资源。

8. 资金缺乏。特别是15户困难户(占全大队总户14%),连年供应口粮,几乎全部救济。

9. 体质差。当时还有消瘦浮肿病人 125 个，占 430 个总人数的 29%。

10. 居住生活条件极差。破屋、漏锅的户占 70% 以上。

在这样多的令人头痛实际问题的情况下，取得了这样的成果，不能不使人感动。这不过是一个县的一般大队，像这样的情形，在全县范围内，是到处可闻可见的。

而六一年与今年现有情况来比，就整个县来说，农民群众无论在精神面貌上、物资生活条件上，都起了一个质的变化。午季丰收了，扩种的面积是高级社有史以来所罕见。去年午季接早稻国家供应全县 300 万斤粮，今年相反，准备外调 50 万斤。目前早中稻农民正在加强管理，早稻可以说是丰收在望。若无自然灾害，现在看来，国家的农副产品征购任务绝大部分（除去茶叶）是有把握完成的，且农民尚足食有余，家禽家畜亦已大大发展。

这样的迅速转变，究竟是什么力量呢？拿农民的话说"就是责任田好"。当然，完全归究这一点，离开中央的一系列政策和省地委的巨大支持，那也是错误的。"责任田"之所以产生这样巨大的威力，之所以为人民群众所普遍欢迎，是因为农村的条件有了这种需要，是因为同农民在高级社，特别是公社化以来的实践发生了联系，是因为被群众所掌握了。因此说"责任田"的出现不是偶然的，它是中央"十二条"、"六十条"发展的产物。主席曾经说过，任何思想，如果不和客观的实际事物相联系，如果没有客观存在的需要，如果不为人民群众所掌握，即使是最好的东西，即使是马克思列宁主义，也是不起作用的。

二

从办高级社和人民公社以来，生产关系的变化，公社、大队、生产队组织形式的每次调整，没有哪一次不都说是适应现在看来,其实并非如此。根据调查和统计,五五年是太湖解放后农业生产力发展和群众生活水平最高的一年。粮食总产达19667万斤,耕地面积40万亩,除自留地9824亩,平均单产504斤;油料总产301.16万斤,亩产60斤;棉花总产31.08万斤,亩产皮棉23斤;耕牛发展到36260头,大型农具25万件;茶叶产51.16万斤,烟叶10366斤,木料216万斤,生猪发展到4.8万头,家禽每户平均6只。群众生活:除存入国库2730万斤粮食,留种子1200万斤,每人平均口粮440斤,食油3斤,肉类10斤,食盐20斤,红糖全年供应量达39万斤,每人平均1.2斤。当时的合作化程度:单干户占总农户50.7%,土地占49.7%,人口占50.3%(包括季节性互助组);常年互助组占农户24.4%,土地占26%,人口占24.8%;初级社农户占25.3%,土地占24.3%,人口占24.5%。且初级社大部分均是由五四年互助组的基础上发展起来的。由此可见,五五年之所以成为解放后农业产量最高的一年,除国家对农民的支持外,主要是有了土改后的连续三四年依靠农民积极性所发展起来的物质基础,以及初级社的生产关系与当时的生产力相适应的原因所致。而现在"六十条"和以生产队为基本核算单位的"责任田",它比五五年初级社来说,其优越性不可言喻。就是比起高级社来说,它在制度上是更加合理,更加完备了。是具体贯彻"按劳分配"一个新的发展和进步。

再从这里当前的生产力情况来看:五八年到六〇年,由于三分天灾,七分人祸,生产力遭到破坏,生产水平大大下降。到六〇年底止,耕牛只有1.8万头,比五五年几乎下降50%;大型农具只有10万件,下降60%;耕地缩减35万亩(因水利建设),下降11%;粮食总产量14512万斤,下降35%;油料103万斤,下降30%;生猪1.1万头,更是严重下降。其他经济作物均有很大减少。

现在这里根据恢复最高生产水平的规划初步讨论,认为粮食需要两年到三年,油料四年,棉花三年,茶叶因水库淹没一部分需要八至十二年,生猪在明年即可赶上,耕牛要十五年以上。当然生产力的破坏,现在恢复它需要一定的时间,这是客观存在。至于有人说:"'责任田'不过是当前生产力遭到破坏,调动农民个体积极性的权宜办法,以后还要进行集体化革命。"这种说法,是很不能令人理解的,也不是现实的("责任田"是不是就是单干道路,这个问题在后面详细讲)。在这里还是拿农民和基层干部的说法来简单地回答这一问题:"'责任田'方向错了","哪来的话,我们方向是社会主义吧!社会主义总是要多打粮食,人人有吃有穿吧!""对呀!""那就对了!国家征购任务一两没少,我们大小队都有机动粮,困难户也照顾得很好,公共积累也照样提取,这有什么不好呢!你偏要把大家搞在一块上工收工,千斤担子只小队长一个人挑,这就是社会主义?""这样搞将来又穷的穷,富的富,损害大家根本利益。""五七年以前你们生产、生活不也很好吗?现在我们搞以小队生产,又是以小队核算,比那时候还要好些呀!""小队核算我们双手赞成,以队生产千万不能。""为什么?又不是大呼隆?""同志,不行啦!五七年以前生活生产当然比现在好些。但是也有问题呀!譬如说,自留地与大田用肥、家庭副业与队里的集体生产、耕牛使用与发展、农具添置保管、农活的数量和质量、评工记分等等这些问题呀,一个小队,就是你们来两个脱产干部也搞不好。现在责任田一搞,这些问题基本上都解决了。你们想想,多轻巧,何必自找麻烦呢!说句老实话,共产党在互助合作的政策上,最好的就是责任田政策。只要不变,多完成任务(指征购),我们都情愿。"

以上是我们试探改正"责任田"办法的谈话。这段谈话,说明了"责任田",农民本身也不承认是单干,实际上也不是单干,只是社会主义集体经济的一种责任制,是克服社员与社员之间的平均主义最有效的措施。

改正"责任田",农民已有风闻,但尽管我们苦口婆心去宣传解释,然而他们之中就有不少的人是:来年绿肥准备不播种了,今年田埂挖到了边(把田埂挖窄可以多种稻,但来年田就关不住水了),这些等等特别顽强、特别难于克服的消极反抗。因此说,"责任田不保荐,这里生产力就要遭到损失"。

三

在集体所有制下的农民,关键的问题,在于如何使其关心个人利益,"责任田"正是完善地解决了这个问题。

我从五二年起亲自办过互助组和合作社,五七年冬由安庆地委下放在重点乡,亲自搞过了将近八个月的生产队长。六〇年来到太湖,干了七个多月的大队书记。其中特别是在干生产小队长期间,农民兄弟给我不少的知识和教益。这么多年来(主要是从高级社以来)的切身体验,农业上的"千斤担子万人挑,以社为家",这个问题始终没能很好地彻底解决,即使暂时解决了,也不能很好地巩固。现在看来,追其根源,除掉政治思想教育外,主要就是责任没有到人。在当前来说,尤其是"共产风"刮得较严重的地区,如做不到"人人关心生产,个个责任分明",那就根本不可能提高劳动生产率,而劳动生产率是保证新社会制度胜利最重要、最主要的条件。因此,劳动生产率的提高,首先取决于群众的劳动积极性,要想提高人们的劳动积极性,那就要使所有的人们关心自己的生产任务和明确自己的责任。斯大林同志说得对:"在无人负责的情况下,是谈不到什么真正提高劳动生产率,改进产品质量,爱护机器、机床和工具的……无人负责的现象就是工业的祸害。"斯大林指的是工业的问题。工业尚且如此,何况比工业更复杂的农业了。高级社以来的大量事实教训了我们,如何加强已经组织起来的农民群众的生产责任心和他们的劳动热忱,社会主义教育固然很重要,但是没有个人利益关心为基础那是行不通的。

我看,最简单易行,为农民所普遍乐意的,就是定产到田,责任到人。只有如此,农民才易于理解他们所做的每件农活都是与自己的利益发生直接的关系,并且很快地就能兑现。过去的办法,主要就是靠评工记分。实际上产量不到田,责任不到人,评工记分就不能真正地搞得好。现在如果以队集体生产,还是采取评工记分的老办法,可以说,除有历史习惯的齐心协力的少数小队外,而普遍现象是做工只顾数量,不能保证质量;只顾工分,不顾效果。尽管你点子再多,绞尽脑汁,什么包工定额,检查验收,互相监督等等,在无数小生产残余的反抗和这些残余相联系的巨大的习惯势力和保守势力面前都是无能为力的。同时评工记分的本身也确为复杂(现在太湖仅有少数的评工记分)。首先是误时,特别是大忙时耽误农民的睡眠。好的小队两三天搞一次,差些的小队天天晚上都要评工记分,包工定额,调兵点将。其次是评不好,不是争,就是吵,很难克服社员与社员之间的平均主义。再者是繁琐的哲学,几十道工序,甚至有的小队弄不清,成了一笔糊涂账,会计40%以上精力搞账,队长要40%精力搞管理。现在的责任制,他们摆脱了这些事务参加了生产。一个县数以千计的小队光在节约劳力的问题上,就是一笔巨大的财富。

总之,现在的农民总还是农民,他们最讨厌、最头痛的就是那些复杂的麻烦的东西,他们所欢迎的也就是最简单、最通俗易懂易行的东西。

四

"工业还要不要发展,搞'责任田',工厂就要垮台了,你看怎么办?"我看不会垮。只有农业过关了,工业也好,其他一切事也好,都好办了。有些人,把有些工人不安心也想搞"责任田"的思想,完全归罪它的影响,这真是莫须有的罪名。工人不安心工作的原因是多方面的。至于工人羡慕农村的"责任田",那只能说,"责任田"不仅为广大农民所欢迎,而且又为工人所羡慕。这只能说"责任田"对了。六〇年8月份我由安庆地委下放到太湖,一开始就有几十位同志一道宣传农业为基础,七八个月就是没有什么人理睬。六一年3月份,我们一搞"责任田",好!逃在外面的劳动力回来了,跑到城镇工厂里当工人的小手工业者回来了(原来请也请不回来),流到机关里跟干部、工人当家属的也回来了。父亲托人写信给儿子,妻子写信给丈夫,弟弟写信动员哥哥等等。我们忙得不可开交,热闹非凡,这真是大喜事。七八个月几十人口渴心焦地宣传,抵不上十来天的责任制那样巨大的威力(当然这里我并非提倡产业工人跑到农村里来)。

"集体经济要不要发展,你在搞单干,不是发展资本主义是什么?这不是方向性的错误吗?""责任田"是社会主义集体经济的一种管理方法,它并未改变生产资料所有制,土地仍然是集体所有,仍然是按劳取酬;它并未改变集体的劳动方式,仅是比较复杂琐碎,适合于分散的农活去分散做。这种生产的集体性与劳作的个别性,在任何社会主义生产单位中都是存在的。与其说是单干,那只能说外表上是单干,而实际上则不然。太湖这里的情况除上所述,国家征购任务照交,公社、大队的公共积累照取,这又怎么能说是瓦解削弱了集体经济呢?

至于在举办较大型的农田基本建设和水利建设方面,在扩大生产协作方面,虽然会受到一定的限制,但只要工作做得好,发挥公社、大队的作用,这方面的缺陷是完全可以弥补的。事实证明,太湖去年的冬修不也是搞得很好吗?"啊呀呀,不得了啦,派工派不动,公家事情没有人干了。"所有这些责难,我想还是让事实去回答。太湖去年确也出现搞投机的高价出售农副产品的,这是少数。一般地说,都不是真正的基本农民群众。

即或有些搞了一两次,经过教育,也就立即归正。超产粮是有差别的,收入也是不平等的。所谓这个差别,我看不搞"责任田"的也是存在的。所谓"不平等",整个社会主义一个历史阶段也是存在的,而且应该是允许的。当前农村的现实情况,不是什么差别不差别、平等不平等的问题,而是如何来消除农民心目中的平均主义和大呼隆的心理毒素的问题,调动农民积极性,因而使其能够产生一些新的差别和新的不平等的问题。当前推行"责任田"仅主要是在吃的问题上产生了一些新的差别和不平等,这正是真正地贯彻了按劳分配的原则,有什么可以大惊小怪、胆小怕事呢?何况当前大队、公社公共积累,根据生产发展可以逐步增多,困难户也得到一些特殊的照顾,如包好田,少派征购,大队、小队有专门照顾困难户的机动粮等等,这些就是防止差别过大的措施。即或少数地方产生"差别过大","出现新的暴发户",我坚信,我们的农村也不致变质,大船也不会翻的。因为政权在我们的手里。我们的农民也是有理想、有志气,拥护党和毛主席的。几年来农民受了这样大的挫折和考验,也就充分说明了这个问题。推行"责任田"会不会助长农民小私有心理,问题在于领导和教育,不断地总结提高,使这种责任制形式更加完备。

五

坚定地站在农村总人口的 80% 甚至 90% 以上的人民大众这一边,相信他们自己解放自己。急急忙忙地收"责任田",吵吵闹闹地指责"是单干",很可能因为一部分是好心同志不知底里,一部分还是以"本本主义"的观点害怕农民不跟我们走。

据了解,太湖的北中区(与湖北省交界),去冬和今春英山、溪水、罗田等县的农民们,络绎不绝、翻山越岭地携带衣服、布匹、蚊帐、家具,甚至连小猫、小狗等也搞来换回自己的口粮(据估计一部分是搞投机倒把的,绝大部分是有实际问题的),小手工业者(裁缝、木匠、砖瓦匠等)干脆不回去,终日在这里做工。五九、六〇年,北中的农民是向那边跑,现在却变成了倒流。再如太湖的邻县宿松,六一年春太湖在推行"责任田"时,曾经也有人,特别是一部分中层干部,说是"倒退,走回头路了","是太湖少数领导人胆大了"等等,可是到了去冬今春连他们自己也压抑不住了,这个运动也同我们一样如火如荼地推开了。问他们为什么,某些干部答不出,农民却回答得好,"责任田能多打粮食",事实也确实如此。现在太湖这里的干部下乡,到了年成好的公社去,要再在农民家里吃餐饭,他是真不收粮票的。就是到了去年灾荒严重的地区,农民也总是说:"粮票你还是收下去。"干部一再坚持要他收下,但是他送干部走时还是说:"同志,下半年年成好,你们就不要带粮票了。目前虽比丰收地区差一些,但是比你们25斤半还是好些。"刘羊公社一个医生说:"现在我给群众看病,每天至少要吃10个鸡蛋。六〇年看病不讲吃这么多,就连见也见不到这么多。"去冬下乡,看到嫁在宿松的徐桥姑娘们三五天就往娘家跑,我问为什么,她们的父母说:"那边吃不饱,叫她回来多吃几餐,女婿不好意思来,她每次回去总是要带走八至十斤的。唉!那边不搞'责任田',真急人!"无论是下乡也好,出差在轮船码头等车休息也好,许多农民有关"责任田"这方面的道理,与我在省听到的和文件上看到的道理,则完全相反。许多奇迹,见所未见,闻所未闻。所有不赞成"责任田"的各种议论,我想请到这里一闻一见,是会有很大教益的。我很担心,省委决议六二年内就要大部分改过来。根据这里的情况,是不可能的。因为农民他不会相信空话的,你不做出样子,证明比他的办法优越,除掉强迫命令,我看是扭不过来。

实事求是,调查研究,是我们认识世界和改造世界最基本的方法。当前的"责任田"问题,若只满足于看纸上的报告,听口头汇报,或者下去走马观花,不和农民交心,不花一定时间,我看根本不能实事求是的。省委决议中说:"根据几个调查材料,群众对'责任田'办法的态度大体是这样:有20％的社员不愿搞'责任田',这主要是觉悟高的干部、党团员、积极分子、困难户和劳力少、技术差的困难户。有10％的社员主张继续包产到户,不愿改正'责任田'办法,这主要是搞投机活动的社员和超产特别多、觉悟不高的社员。有70％的社员处于中间状态。从上可见,改正'责任田'办法是会得到多数群众拥护的。"如果真是这样的话,那就问题不大。可是按照这里的情况,则完全相反。农村中有劳力的户不待说的是拥护"责任田"的,就是困难户,一大部分也是积极的。有的一听说"责任田"要改变,他们说:"我就要哭'责任田'这个短命鬼了。"据我所知,不那么拥护、不那么热情、不那么积极的,除非是些一贯的游手好闲,不劳而获或者是专想搞平均主义的人。因为"责任田"是真正贯彻了"按劳分配"的原则,不劳动就真正不得食了,省委调查的那个情况,也不能说不实际。因为我没有去调查。但是根据这里的情况看,除非在推行这一办法时,给它搞走了样了。否则,农民群众是无不鼓舞欢腾的。据我们调查摸底,拥护"责任田"的起码占80％以上,甚至于占92％以上。站在90％以上的人民大众这一边同呼吸,该不能算是尾巴主义吧!怕80％甚至90％以上的人不跟我们走,这恐怕也不能算是马克思列宁主义!哪有马克思列宁主义者怕起90％以上的人民大众的道理呢?坚定地站在人民群众这一边,这是一个马克思列宁主义者的根本立场问题。

最后,请求主席直接派人前来调查,以达到弄清是非,如认为有必要,我还可以提供一些新的材料,即或再亲自干生产队长,为今年县、地、省委搞一些第一手的材料,我也没什么意见。

我所反映的这里的迅速变化,只能是与前几年比较而言,真正据一般要求所想象,这里无论在生产方面或在群众方面,还是需要做出更多的艰巨工作的。当然随着生产的发展和国家的需要，根据实事求是的精神增加任务，这是可以的。不过我还是这样想，像"荒、逃、饿、病、死"一字不漏的太湖县能够在一年内而且还是在那样大旱的情况下，基本上解决了吃的问题，那么其他有类似情况的地区也未始不可实行这个办法。

中共安徽省太湖县委宣传部　钱让能

（原载《1961年推行"责任田"纪实》，中国文史出版社1990年版）

蚌埠铁路局公布蚌埠郑州间临时客车时刻的命令

蚌铁客(62)字第 387 号

张阁庄徐州间、三官庙蚌埠间各站长,徐州、蚌埠车辆、机务、列车段,公安所,行车公寓,办事处,公安分处,调度科,徐州调度分所,徐州、宿县车务段:

为解决河南省与淮北间旅客运输问题,经蚌埠、郑州二局协商达成协议。

根据当前客流情况,河南淮北间增开直通临客四对。自开行日起至另有通知时止,有关临客开行事项公布如下,并将前发有关徐州郑州间,蚌埠徐州间开行之临客,自直通临客开行日起同时停运,按新公布办理旅客乘降,不办行包。

一、开行日期及运行区间:

1. 郑州宿县间 574/573 次,自 3 月 25 日起对开,徐州宿县间变 577/8 次。

2. 3 月 25 日郑州开 576/579 次,3 月 26 日宿县开 580/575 次起,郑州宿县间 576/575 次,徐州宿县间变 579/580 次。

3.蚌埠郑州间562/561次,徐州郑州间变557/558次、562/567次。蚌埠自3月24日开,3月25日郑州开558/561次。

4.宿县郑州560/559次,徐州郑州间变555/556次。自3月24日起由宿县、郑州对开。

5.郑州蚌埠间574/577、578/573次自开行日期起,到3月31日运行到宿县终止,自4月1日起运行到蚌埠终止。

二、停车站及时刻(主要站时刻):

1.郑州蚌埠间558/561次:郑州16:38开,商邱23:18到0:00开,杨集、砀山、黄口、杨楼、徐北各站停车。徐州5:40到6:05开,三铺、曹村、夹沟、符离集、宿县、西寺坡、任桥、同镇、新马桥、曹老集各站停车,蚌埠14:55到。

蚌埠郑州间562/567次:蚌埠16:51开,新马桥、团镇、任桥、龙王庙、西寺坡、宿县、夹沟、大栗园、高家营各站停车。徐州0:20到1:05开,徐北、黄口、串庄、砀山、杨集、刘堤圈、于城县、张阁庄各站停车,商邱6:56到7:15开,李门楼、孔集、柳河镇、民权、野鸡岗、兰考、黄窑、兴隆、开封、韩庄镇、中牟、郑庵、司赵、郑州东各站停车,郑州14:40到。

2.宿县郑州间560/555次:宿县12:05开,符离集、褚庄集、夹沟、大栗园、桃山集、三铺各站停车。徐州16:45到17:05开,夹河寨、黄口、杨集、刘堤圈各站停车。商邱22:08到22:25开,孔集、民权、兰考、罗王、兴隆、开封、杏花营、韩庄镇、中牟各站停车,郑州4:15到。

郑州宿县间556/559次:郑州12:50开,商邱20:26到21:00开,张阁庄、虞城县、刘堤圈、杨集、砀山、李庄、杨楼、郝察、夹河寨各站停车。徐州3:30到4:10开,高家营、三铺、桃山集、大栗园、夹沟、褚庄集、符离集各站停车,宿县16:00到。

3.郑州蚌埠间574/577次:郑州1:55开,商邱7:12到8:10开,虞城县、刘堤圈、杨集、砀山、黄口各站停车。徐州13:06到13:21开,三官庙、三铺、桃山集、大栗园、褚庄集、新马桥、曹老集各站停车,蚌埠23:29到。

蚌埠郑州间578/573次:蚌埠1:52开,曹老集、唐南集、任桥、陵家桥、固镇、西寺坡、宿县、符离集、夹沟、曹村各站停车。徐州9:30到10:20开,夹河寨、黄口、文庄、砀山、刘堤圈各站停车。商邱14:57到15:12开,李门楼、酬集、三丈寺、民权、野鸡岗、内黄、兰考、罗王、兴隆、开封、杏花营、邵岗集、中牟、郑庵、司赵各站停车,郑州3:05到。

574/577次在宿县终止时折返开548次,宿县19:05开,徐州12:30到23:00仍开,变549次,商邱4:30到5:15开,郑州12:15到。徐州郑州间停站按573次办理。

4.郑州宿县间576/579次:郑州5:20开,商邱11:07到11:30开,刘堤圈、砀山、李庄、黄口、杨楼、夹河寨、徐北各站停车。徐州17:50到18:15开,高家营、曹村、十里堡、褚庄集、符离集各站停车,宿县21:10到。宿县郑州间580/575次:宿县0:50开,十里堡、符离集、褚庄集、桃山集、高家营各站停车。徐州4:50到5:15开,黄口、砀山、虞城县各站停车。商邱9:45到10:06开,柳河镇、民权、内黄集、杨庄、兰考、罗王、兴隆、开封东、开封、韩庄镇、邵岗集、中牟、司赵、郑州东各站停车,郑州18:53到。

三、车底编组、乘务员担当:

1.郑州宿县蚌埠间574/577、576/579次,580/575、578/573次二对计四组车底,由郑州局担当。编组DPI辆,棚车30辆、DPI辆,计32辆。

2.蚌埠郑州宿县间562/557、558/561次、560/555、556/559次二对计四组车底,由蚌埠局担当;宿县郑州间(560/555、556/559)由徐州列车段担当;蚌埠郑州间(562/557、558/561)由蚌埠列车段担当。编组DPI辆、棚车35辆、$Y^2$1辆,计37辆。

四、直通临客应加强客流组织,并应组织统一到站,尽量组织统一车辆,并准许发售团体客票,但必须为统一到站,组织

10人以上,蚌埠站除外,因此将前发蚌铁客6号电废止。

五、徐州指定停车的车次上行均考虑停车30分钟,便利旅客大小便,决定徐州车务段应修建临时厕所,以便旅客便溺。

六、临客担当机车由货机牵引,凡运转时分均按货车区间运转时刻运行。

七、在临客开行期间影响有关货物列车时,由调度在日班计划中确定到发时刻,列车正晚点时刻按调正时刻统计。

八、凡临客规定停车的车站,不得办理通过,在旅客上下完毕后,及时组织开车,不得延误。徐州站对早到的临客,准许早开,并应提早通知客运室组织。

1962年2月25日

抄送:铁道部客运局、运输总局、路局运输、客运、机务、车辆、公安、福利处、郑州客运处、客运段、商邱站。

(原载《春雨秋风责任田》,中国文史出版社2005年版)